Verso&Cuento

Todavía más
allá de mis canciones

Andrés Suárez

Papel certificado por el Forest Stewardship Council®

MIXTO
Papel | Apoyando la
silvicultura responsable
FSC® C117695

Penguin
Random House
Grupo Editorial

Primera edición: abril de 2025
Primera reimpresión: abril de 2025

Printed in Spain - Impreso en España

ISBN: 978-84-03-52574-0
Depósito legal: B-2604-2025

Impreso en Gómez Aparicio, S. L.
Casarrubuelos (Madrid)

AG 2 5 7 4 0

A ti que me escuchas o me lees
sosteniéndome todavía más
allá de mis canciones.

Introducción

No todo el mundo tiene la oportunidad de revisar su pasado y corregir su futuro.

Así, ocho años después, mi amigo y editor me brinda la oportunidad de contaros que aún amo a los protagonistas, que rimo por ellos.

Quince primeras canciones y todavía otras quince describen un futuro que añoro.

En este conticinio aguardo a que el lector entienda que no hay más dicha que esta mía.

Qué vida esta... y no recuerdo dónde canto mañana.

Más allá
de mis canciones

Rosa y Manuel

TU NOMBRE ES UNA PLANTA QUE HAY DELANTE DEL PORTAL,
AÚN LO RECUERDO.
EL NOMBRE DE LA CALLE SE PARECE AL DEL MANTEL
PERO AL REVÉS.
LA PLAYA QUE HAY A UN LADO DEBERÍA CONTAR ALGO
QUE HICIMOS DE JÓVENES, TE VEO TAN BIEN...

SUPONGO ME MIRAS EXTRAÑO POR NO HACER DE REY
DE ESTE PALACIO,
NO CONOCER EL REINO PUES AYER TUVIERON QUE IRME A RECOGER
A UNA CASA ARRUINADA, CREO QUE VIO NACER A ALGUIEN
Y HOY TE JURO NO SÉ QUIÉN ES.

«A VECES ALGUIEN LLORA MIENTRAS DUERMO»
Y ROSA APRIETA EL PECHO CONTRA EL TALLO
Y ROSA SE MARCHITA EN UN PAPEL
QUE SE ENCONTRÓ LIMPIANDO ENTRE CARICIAS Y RECUERDOS
QUE FIRMA ABAJO MANUEL:
«RECUERDA TÚ QUE PUEDES».

Y ELLA LE ENSEÑA LAS FOTOGRAFÍAS
Y ÉL LE PREGUNTA «¿ESTE NIÑO QUIÉN ES?»
Y SI MANUEL SE NUBLA ELLA LO ABRIGA Y HASTA OLVIDA
QUE AYER LE ENSEÑÓ A COMER.

Y EL NIÑO DE LA FOTO YA NI ASOMA,
CANSADO QUE VIVIR NO ES RESPONDER
Y ROSA QUE AÚN SE ARREGLA CADA TARDE LE ASEGURA:
«MAÑANA SABRÁS VOLVER AL HOGAR QUE HICIMOS JUNTOS MEDIA VIDA».
Y EN EL SUEÑO HABLA MANUEL:

«AMOR, SE TE OLVIDE LA PENA CUANDO UN DÍA ME DUERMA
Y SE ACABE EL DOLOR,
Y TE HABLARÉ DE TODO, NO OLVIDARÉ LOS PASOS
BAILANDO EN EL SALÓN,
TE PEDIRÉ PERDÓN POR OLVIDARME
DE NUESTRA FECHA, AMOR.

   Y ME VESTIRÉ SOLO Y CORRERÉ HASTA EL PARQUE
   DONDE UN NIÑO EN LA TARDE CONMIGO SE ENFADÓ
   POR NO DEVOLVER EL BESO, EL ABRAZO
   QUE LLORANDO ME DIO.

AMOR, Y CUIDARÁS LOS ROSALES
QUE PLANTÉ ANTES DEL VIAJE,
LES CANTARÁS POR MÍ CUALQUIER CANCIÓN.

   AMOR, Y VOLVERÉ CUALQUIER TARDE
   PARA CONMIGO LLEVARTE
   Y NO RECORDARTE TANTO, CORAZÓN,
   ADIÓS».

Mi mar son varias playas y sus vientos; cada roca, una forma distinta bautizada en sus modos y leyendas.

Pantín es un nombre con cara de marinero y si miras a babor desde su arena verás siempre mi infancia en las pozas que forma la marea baja. En la espuma se guardan los secretos que descubren los temporales.

Mi playa eran mil manos familiares, barcos de arena y nosotros, corsarios, esperando la marea sin ceder tesoro alguno: tres conchas, dos lunas, cuatro piedras y ese punto equidistante entre desastre y equilibrio que produce la risa infantil.

Hay mareas con cara de domingo, todavía se toca a difuntos, repiques de campana y camposanto que inauguran playas con sus nombres.

Nadie ha vuelto a mirarme al cantar como lo hizo mi abuela. Si algún familiar leyera estas líneas, *calle ahora o ría para siempre*. Mi abuela fue la mejor persona a la que escuché. Nunca pude llevarla a volar, cantarle un secreto ni despedirme de ella. Creo que se despidió *al sonreír lanzándome un beso a la sombra de un aplauso*.

Algunas veces, algunas horas, mi «yeya» sale del fondo de mi memoria cuando la miro en su retrato y huelo su tos mayor y discreta y su ropa rasgada de trabajo.

Me acuerdo cada día de la buena de Soledad, que no estuvo sola nunca, que amó su tierra y a su familia, que un día cerró los ojos para cuidarnos el cielo.

Luego vi crecer la fraga entre sal y misterio donde *los ecos de sombras de mil faunas se acuestan con tus sueños y miedos.*

Vi surfear el orballo y las rosas, a una montaña estudiar para ser atalaya mecida por el viento del sur.

De niño salté a voluntad de la naturaleza.

Nací en Ferrol Vello, del muelle, lindando con Canido, a mucha honra. Dicen que nos fuimos muy pronto a Pantín, cuando mi abuelo enfermó del pulmón. Creo que mienten: *nos fuimos porque allí nací una vez al día.*

Lloré todos los días de mi vida hasta los tres años. Todos. Una noche la desesperación marinera de mi padre le hizo atarse un nailon entre su dedo gordo del pie y la madera de mi cuna. *Algunos nudos marineros no se deshacen nunca.* Trataba de cantarme boca arriba moviendo un solo pie (mi madre y mi hermana cantan de maravilla, mi padre y mi hermano escuchan genial). Despertaron tarde, casi al mediodía, yo aún dormía. El pánico de mi padre despertó a mi madre: «El niño murió».

Crecí con el inocente asombro de ver cómo mi abuelo lo iba olvidando todo sin prisa. Mi abuelo Mundo fue la persona con más genio y mejor voz que conocí. Jamás volveré a encontrarme a un tipo igual, de eso estoy seguro. *Solo está el cielo entre él y yo.* Lo que nadie me supo explicar hasta hoy es por qué sí recordaba las letras de las canciones que me cantaba cada mañana. Mi abuelo vivía con un cuarto de pulmón y con él hizo vibrar la pared de mi niñez.

Las aves, las mariposas y yo acudíamos diariamente a aquel concierto magistral y privado. *Muñequita linda de cabellos de oro, de dientes de perlas, labios de rubí. / Reloj, detén tu camino porque mi vida se apaga.*

Dicen que hablo demasiado de los rosales de mi abuelo. Ustedes no han visto cómo creció la vida en la afinación precisa de sus manos. No se ha vuelto a ver tal majestuosidad de colores mecidos a un bolero.

Mi abuelo fue un hombre que amó sus rosales por encima del oxígeno y la armadura. Nos costó mucho entender por qué al marcharse negaron el agua y el aire.

Vimos cómo los rosales rechazaban el resto de las voces.

Despertaba cada día oyendo su canto y corría a su cama a tumbarme con él.

Lo miraba con la mayor admiración que he sentido en toda mi vida.

Una mañana alguien tal vez tangible me dijo que mi abuelo «se había ido». Todavía guardo el rencor preciso por no haberme dicho a qué nube.

Nunca sé a qué lugar del cielo mirar cuando lloro.

Luego llegó el silencio. Los rosales se fueron marchitando poco a poco, solo uno soportó la tristeza guardando su ventana.

No he vuelto a ver ni las aves ni a aquel que un día fui. No todos los niños aprendieron a decirle al viento que el paraíso ya no queda por aquí.

Abuela, a veces me siento en el suelo llorando con todas mis fuerzas por si vienes a darme calma.

Abuelo, sigo siendo aquel niño que no se duerme para que le cantes.

CODA

Cuando Andrés me invitó a cantar con él en Vistalegre (Madrid), yo estaba devastado por la reciente enfermedad y muerte de mi madre. *Rosa y Manuel* es el título de la canción que me ofrecía.

Yo había publicado en 2001 *El hijo del ferroviario*, y una de sus canciones era *El hombre sin recuerdos*.

> *Su sombra no le sigue a todas partes,*
> *comparten el alzheimer*
> *y a veces aunque quieren no se entienden...*
> *Cuando uno ya está al borde de la nada,*
> *el otro le sostiene*
> *y el hombre con su sombra se entretiene...*

Había escrito esa canción por alguna nota suelta leída en el periódico y a partir de 2006, cuando Tita comenzó su deriva, encajaron todas las piezas. Una de sus obsesiones al percibir su deterioro era repetirme insistentemente que la tirase al tren.

Así que cuando comencé a ensayar en casa *Rosa y Manuel* todo se me iba en lágrimas, y cualquier profesional sabe que llorando no se puede cantar. Tuve que cantarla muchas veces a solas hasta conseguir interpretarla con él aquella noche. Gracias, Andrés.

Víctor Manuel

Te doy media noche

NO HE VENIDO A RECORDARTE TU BELLEZA,
NO HE VENIDO A DEDICARTE UN ROCANROL,
PERO NO SOY UNO MÁS AUNQUE LO CREAS,
MALDITA SEA LA VELA DEL BARCO DE TU VOZ.

REPRESENTO A TODO HOMBRE ENAMORADO,
CUANDO LLUEVE ME IMAGINO EN TU SUDOR.
NO SÉ CUÁL ES TU LADO DE LA CAMA,
EL OLOR DE TU MAÑANA,
SI SABRÁS DE ESTA CANCIÓN.
SI ES ASÍ, ATRÉVETE A DECIR QUE NO ES AMOR.

TU BOCA ES EL PORTAL DONDE QUIERO DORMIRME,
TU ROPA MI PEOR ENEMIGA.
IMAGINA QUE TE BESO Y NO TE GIRAS.
SENTÍ TU ALIENTO Y VI SANTIAGO AMANECIENDO,
SALIENDO DEL CONCIERTO REÍAS.
SI SUPIERAS LO QUE TE MIRO A ESCONDIDAS,
SI SUPIERAS LO EQUIVOCADA QUE ESTÁS
ESTANDO CON OTROS.

SI ME DIERAS UN MINUTO EN TU BARRIGA,
NO TE PIDO NADA MÁS,
PERO DÁMELO ANTES DE QUE SEA DE DÍA.
TU SONRISA ES LA MÁS BELLA CARA AL MAR
PERO ME HABLAS DE SEQUÍA
Y EN PANTÍN FUGÓ UNA ESTRELLA EN TU LUGAR.

BAILO CONTIGO EN LA DISTANCIA,
SUPONGO TU CALOR,
SUPONGO ESTÁS CANSADA, AMOR.
Y DUERMO CON UNA FOTO TUYA
Y AHÍ NO DICES QUE NO,
AHÍ DICES «CÁNTAME»
Y TE HICE ESTA CANCIÓN,
QUE HA VENIDO, COMO YO,
DESNUDO Y SOLO.
MEDIA NOCHE, VIDA MÍA,
YA ME VOY.

Ella puso su nombre en un punto del mapa llamado Santiago. No hay razón para estar triste donde todas las calles tienen memoria. Regalo de vida, sus pasos en el eco guerrillero de la historia.

Eternizaba la espera de mi beso marmóreo puliendo la hiriente cantera de su saliva. Mis pulmones anhelaban aquella humedad tanto... *Mi guitarra no necesita consenso para rondarte siempre.*

Allí confundí mis dedos entre miles de gotas escondidas en su pelo, fértiles y cálidas como mis ideas entonces.

Miles de gotas contadas en tu pelo.

Así como el viento no se disculpa con el nido que derrama, nada sucedía en la prolongada tarde, ese maleducado momento del día con la luz: una destetada esfera, allá arriba, se batía a muerte con las nubes por mirarla. Ni el tiempo tuvo razón ni pasará jamás por ella. *Se me mojan la cara y la ropa de tanto recuerdo.* Estas lágrimas de tinta del norte solo describen el arte rupestre de sus gemidos, el vértigo de sus muslos abriéndose en la galaxia del coche, la contemplativa ceiba del olvido de cuando Santiago era más Santiago y yo un mercadillo por edad y ron.

Qué sinvergüenza aquel lirio que desvió su atención.

Todo se antojaba un mar de piedra entre nosotros.

Esta tinta ha mojado injustamente otras hojas describiéndola.

A quien corresponda: perdón por haber quebrado la pureza de otros blancos.

La tinta de mis ojos se derramó alguna vez en su cuello mientras dormía.

Qué bien olía Santiago en sus secretos.

Ella tenía veinte años y mucha sed. Quería ver mundo y yo tenía una guitarra. Viajé escondido entre sus ruinas a esa edad bastarda en la que los bares, al fin, te niegan.

El amor es un niño que habla del mar desde su ría.

Yo me sentía isla rogándole al manantial que no supiera nadar.

Salí ileso de su desnudo, incluso cuando a Cedeira le nacieron espejos para hacerla paisaje. Perdí el sabor de su boca hasta cristalizarla en canción. Me regaló los gemidos que le sobraban, me declamó los versos de algún otro, me habría aprendido, recluso, su noche.

Todavía mi querer no sabe de su error.

Nunca fui tan libre como el día en el que dejé de morir dudando; una vez amé más allá de todo. Volvería a hacerlo mil veces.

Tal vez debieras marcharte lo más lejos posible ante un amor que envejece la tarde por no ser correspondido.

Lo último que supe de ella fue que después de mi boca que canta vino otra. Luego otra.

Después no quise saber más.

Lo último que supo de mí fue que una vez pretendió darle media noche a quien le habría dado una vida y media.

CODA

Si te vuelvo a ver, no volveré a mirarte.

Si pienso en ti es por falta de imaginación.

Si miro atrás, recuerdo que ayer hicimos juntos

cosas que nunca hubiese esperado de mí.

Si miro el horizonte, las estrellas me dicen

que el mundo es muy pequeño para quien no se va.

Y si cierro los ojos, desde todas las torres

de Santiago

se puede

ver el mar.

Benjamín Prado

Benijo

APURÓ EL PASO PARA QUE NO LLEGARA LA NOCHE
Y PODER ENSEÑARME LA PLAYA.
APURÓ EL PASO.

NOS CAYÓ EL VASO Y ROMPIÓ SALPICÁNDOLE FLORES,
EN SU PELO TALLADO EL VERANO.
APURÉ EL VASO.

Y TENGO MIEDO DE ENCONTRARTE
Y NO AGUANTAR LAS GANAS DE TIRARTE AL SUELO.
VOLVER A ROMPERTE LA FALDA,
LUEGO TEJER UN MANTEL
ENTRE MI BOCA Y TU PECHO.
LLENAR DE SAL LOS PLIEGUES DE TU ESPALDA.

LA VI BAÑARSE UNA VEZ Y ME SACÓ LOS COLORES,
LA VI DESNUDA Y LLORÉ, LLORÓ CONMIGO LA NOCHE.
BAILÉ CON ELLA DESPUÉS, COMO BUEN ENAMORADO.
«CÁNTAME ALGO» Y CANTÉ LO QUE ELLA QUISO Y LOS BARCOS
FUGARON PARA VOLVER A DEJARME TIRADO EN UN PUERTO.
SU ACENTO ERA MILAGRO, EL VIENTO
RIZÁNDOLE EN SILENCIO LA PIEL

A LA ARENA PEGADA Y LOS BESOS
SIGUIENTES FUERON «HOY QUÉDATE»
Y ME QUEDÉ PARADO EN EL TIEMPO.

Y NOS SIGUIÓ LA MADERA.
PRENDIMOS FUEGO AL HOSTAL.
TE ENTRETUVE CON LA ORQUESTA DISFRAZADOS DE DOS MÁS.
NOS DECLARAMOS CULPABLES
DE LA SUBIDA DEL MAR.
DESAFINAMOS CANCIONES,
SE NOS PROHIBÍA LLORAR.
HOY TE HE VUELTO A RECORDAR.
HOY TE HE VUELTO A RECORDAR.

DE QUÉ ME SIRVE ESPERARTE SI ME ENTRA EL SUEÑO Y NO HAY MÁS
QUE UN CIRCO TRISTE Y COBARDE QUE NO QUIERE REGRESAR.
TE VEO EN CADA GAVIOTA AUNQUE NO SEPA SI HAY MAR.
DETRÁS DE CADA PAREJA NO TENGO CON QUIÉN BAILAR.
DESNÚDATE QUE HAY TORMENTA Y LLUEVE POR NO LLORAR.
JURÉ CONTAR NUESTRA HISTORIA, NUNCA DECIR LA VERDAD.
TE LLEVASTE MI MEMORIA, JURASTE NO REGRESAR.
TE VEO EN CADA GAVIOTA.
JURÉ CONTAR NUESTRA HISTORIA Y HOY TE HE VUELTO A RECORDAR.
HOY TE HE VUELTO A RECORDAR.

Qué sería de mí sin su recuerdo, elegantes rizos de mi destino.

Su niña quería cantar con mirada de luna; su acento de arena negra y su sexo de mango protegían la idea de morir siempre por amor.

No la tuve nunca. No la tuvo nadie. No fue de la lluvia que regó riendo las flores de su vestido, ni siquiera de la isla. Ella no está condenada al tiempo como nosotros. Algunas veces soy impreciso.

Cualquier día de la semana, cuando los olores aprietan más allá de las cinco, viajé de su mano por un cielo verde solo por verla desnuda saltando las olas. Dispuse el valor a mi favor, todo merecía la pena cuando estallaba a reír. Nuestras huellas se buscaban en el laberinto desordenado de tablones descendentes a aquel cielo negro, azul y blanco. Sus pies sabían de mi deseo, lo dibujaban hasta llegar al más hondo infinito. Qué bien le sentaban los pasos a sus caderas. La noche, que ya venía, pretendía buscar firmamentos asaltando arenisca.

En algunas playas la marea trata de vencerte en palabras. En otras, las más cobardes, cuando no les queda ni arena se rinden a la ira de la corriente como si algún ron pirata afectara a su recuerdo. La marea me dijo a su modo que había subido a tocarla.

Los lagartos de Anaga trataron de advertirme apurando el paso ante el mío. Era ya tarde.

Fue un cuento de hadas en el lugar más hermoso de su mundo, es lógico que el futuro quisiera incendiar todos los relojes a destiempo.

Gemimos a la vez que una gaviota y otra vez su risa. Algo de aquello recuerdo; la travesía de un sueño flotante y un dragón sediento que solo vino a beber. La tierra húmeda de mi pasado bañando las flores de su vestido mientras no queríamos dormir. Un sutil giro del aire nos trajo el sonido débil de alguna orquesta y bailamos cuanto el cielo nos permitió. Mientras, la brisa mecía cipreses que se besaban por primera vez.

Una vez bailé con ella hasta agotar al viento.

Sonaba Ruibal, encendimos la hoguera que iluminó el paraíso mientras ardía mi ropa. A todos alguna vez nos detuvieron por amor.

Luego me reclamó una canción. Me pidió que cantara con voz tibia y yo no estaba preparado. Le dije que no tenía guitarra. Respondió que no tenía ropa. *Nunca me habían derrotado con tanta elegancia.*

Qué pronto llegó el día aquella noche de sed y nombres falsos. Se acabaron el licor y el fuego, aquel arenal negó cedernos más vino, siquiera medio trago, enterrando las suspicacias con mirada de asesino. La sombra de sus piernas contra el alba, y nada más.

Hubo una promesa en nuestro último baño.

Desde el avión, las olas danzaban el baile de la despedida y en medio, los besos huérfanos del pasado. A veces se hace de carne y hueso y me abraza.

Aproveché para decirle a una extraña que me había enamorado. Ya estaba llorando a la mitad de la historia, antes de los lagartos y la escalera, cuando describí la curva de sus rodillas, la estrella dorada de su vientre. Entonces me di cuenta: se había olvidado la posdata.

Conté, como me pidió, a todos nuestra historia. No era capaz de cantarla sin llorar en los escenarios. No era capaz de cantarla sin dejarme la voz que no quería. Seguía estando *sumamente vivo* después de todo.

La esperé con un ramo de olvido a la hora precisa en el aeropuerto señalado. Dos horas más tarde su teléfono continuaba apagado, tal vez ahogado en algún mar que baila cuando suenan las orquestas que festejan la vida. Una pareja con prisa y cara amarga se rio de mi llanto. Mi cuerpo y sus puntos suspensivos salieron de allí para siempre.

Sostengo que la eternidad recae en días que compartimos y que el cielo es la bisectriz exacta trazada al fondo de sus labios.

No sería tan torpe como para ir a buscarla. No se encuentran los sueños, simplemente aparecen para no volver y alguno se deja cantar.

Hoy lo he vuelto a recordar.

CODA

Después del terremoto vienen réplicas.

Sí.

Después del terremoto, las réplicas.

En un relato que escribí hace un par de años dije que las emociones son aves migratorias. Lo mantengo. En el *Benijo* de Andrés, el viento, los barcos, el agua, a pesar de formar un escenario indeleble para su recuerdo, eran en realidad elementos ajenos a aquel torbellino físico y emocional que vivieron dos personas en un lugar determinado.

Me ha venido la siguiente pregunta:

¿Qué estaría yo haciendo en ese justo instante, cuando se fundieron la sorpresa y la pasión, la maravillosa incredulidad de lo que estaba aconteciendo, en ese abrazo tan inusual entre el instinto, el espiritual y el animal, aquel día en Benijo? ¿Y qué estarías haciendo tú, que ahora mismo lees este humilde párrafo? Probablemente, en esa coordenada temporal de tu vida te encontrabas haciendo un Na-da, al menos para tu gran historia vital, una página en blanco en tu biografía escrita con la tinta de lo rutinario. Acaso preparabas la cena en un dulce stand-by emocional. Acaso yo andaba colgándole el teléfono por enésima vez a un chico que intentaba en vano que solicitara una tarjeta bancaria que no necesitaba. Qui lo sá. En cualquier caso, apuesto mi vida a que no nos estaba sucediendo nada mínimamente comparable con lo que aconteció en el primer contacto de labios entre ese par de personas que protagonizan *Benijo*. Muchas veces, demasiadas, nos da la sensación de que estamos lejos del centro del universo, concretamente en el maldito extrarradio. Porque el centro del mundo emocional se mueve a cada minuto. Porque las emociones son aves migratorias que se aburren de nosotros o acaso piensan que por nuestro bien es aconsejable posar en nuestras vidas únicamente en momentos puntuales, no sea que un nivel demasiado de mariposas en el estómago acabe hiriendo nuestras entrañas con su revoloteo. Quizá hemos de agradecer que justo cuando a ti, lector, te sucedió tu particular Benijo el bueno de Andrés andaba contestando una entrevista o pagando una multa de tráfico. Y cuando sucedió mi particular Benijo quizá tú formabas parte de esa tripulación del barco lejano y ajeno a esa cala. En definitiva, e intentando concluir mi tesis absurda sobre los Benijos de cada uno...

Después del terremoto vienen réplicas.

Después del terremoto, las réplicas.

Y esas réplicas a veces se convierten en canciones.

Santi Balmes

Vuelve

VUELVE, QUE TE ESTOY CONFUNDIENDO CON LAS FLORES
QUE ADORNAN LOS DEFECTOS DE LAS CASAS
DONDE AÚN HABLO DE TI.

VUELVE Y VUÉLVETE A REÍR MIENTRAS BAILAMOS
Y RIÉGAME EL JARDÍN, QUE YA NO LLUEVE,
MAÑANA HAY UNA FIESTA Y ME HA INVITADO
EL RON A HACERME DAÑO,
A HABLARLE A OTRAS MUJERES DEL CIELO DE TUS LABIOS.

AHORA QUE VIVO SOLO ME CRECEN TUS ENANOS,
ME DAN MIEDO LAS NOCHES,
TE QUIERO PERO ES RARO:
TE CONOZCO DE SIEMPRE Y LLEGASTE HACE UN RATO.

NIEVE, TE CAMBIO POR TU AUSENCIA EN LOS LAVABOS,
ME CUIDO MENOS, DEBERÍA DEJARLO
COMO TÚ ME DEJASTE.
PUEDES QUEDARTE CON LA PLAYA Y LOS ABRAZOS,
TE LO LLEVASTE TODO, YO HAGO BARCOS
Y MIRO A LA VENTANA.

PUEDE SER QUE VUELVAS OTRA VEZ
Y HAGAMOS NAVIDAD Y TE ROCE LA PIEL
UNA ESTRELLA FUGAZ, AYER TE PUDE VER,
CREO QUE ERES MÁS FELIZ, ME DIO POR RECORDAR.

UNA PUESTA DE SOL EN GALICIA,
EL FLAMENCO Y TU ROPA EN EL COCHE,
LA CADERA SUDANDO SIN PRISA,
OTRA ESTRELLA FUGADA EN LA NOCHE.
CUÍDATE, NOS DEBEMOS LA VIDA.
VUELVE PRONTO Y SE FUE CON LAS FLORES.

VUELVE, QUE HAY UN NIÑO EN CADA PLAYA,
EN CADA RAYA QUE LLEVA TU NOMBRE.
Y NO SE ESCONDE NI SE APAGA ESTE DOLOR.
VUELVE Y TRÁETE EL CUERPO QUE ENSEÑABAS
CUANDO ME JURABAS DÍAS, ME DECÍAS
«VIDA ES EL FUTURO DE LOS DOS».
VUELVE CON EL SOL DE LA LUNA LLENA,
VUELVE.

Fue un viaje sin tiempo. Fue un primer beso que no notó y le di. La memoria pacta con la historia compartida dejando pasar de largo los sueños.

Tras un año de lectura en mi playa volví a su ciudad, mi Madrid. Ella me acompañaba mudando de canción y prenda a su gusto. Caprichoso es el regreso de los balcones.

Olía a jazmín y a verano. Recuerdo sus pasos el día de la partida como un tambor seco y escueto. Le conté que tenía una canción y una vida como si alguna de las dos fueran a servir de algo.

Cómo una canción de amor puede ser presidiaria.

En unos días se iría a estudiar a Bruselas. Como si no supiera que mi guitarra no afinaría en su frío.

Recuerdo la gramática gélida de su abrazo, un epitafio de gritos y amenazas un invierno, hace ya demasiado.

El lunar de mi mejilla es lágrima congelada de alguno de sus besos. No hubo trigales ni olmos en su tardía primavera.

Tropezaron las palabras sin sentido sabedoras de que se marchaba; *ni ella leerá estas líneas ni yo le debo al latir.*

Regresé con la derrota del alcoholismo de los boxeadores.

El teléfono fue un soliloquio enfurecido, la lluvia creaba charcos para mirarte y un ruiseñor en mi boca con una rama en el pico quiso anidarte tanto que mintió si dijo «fin».

Los dos sabíamos que nunca llegaríamos *siempre tarde.*

Arribó a mi vida de niña; la miraba como un pianista francés observa su marfil sabedor de que a dos mesas de su descuido el animal selvático de su aroma ríe con otro.

La vi salir mujer, bailando un tango con mis hojas rotas, donando mi llanto a una guerra que nadie ganó. *Una vez fui un hombre de musa breve incapaz de aceptar mis imperfecciones.*

Nuestra última noche posó sus pies en mi cuello, Rubén Darío lloró al fin su cisne imposible y escuchó su canción mientras fruncía un futuro.

La puerta del cuarto fue un horizonte terrible capaz de tragarla.

La vida renueva su ciclo cada trescientos veinte días para volver a vivirnos. Mi turno pasó rogando la oportunidad de su risa.

Mimé sus pies cada madrugada creyendo en la certeza hiriente de su destino.

Tal vez se acuerde de mí con el paso de los años. No por mi cara, ni mis manos, ni mi forma de reír. Lo hará en silencio, en otra oportunidad. Cuando una niña le cante las melodías que compuse para ella en el jardín, cuando sienta celos del aire que roza otra garganta, cuando no pueda dormir por ver dormir a su pareja, tal vez se acuerde de mí.

Conservo en una caja el oficio de su recuerdo.

Antes de que el olvido se haga alzheimer me basta con saber que los dos nos debemos la vida.

CODA

Vuelve es un niño llorando en un coche,

un martes pariendo canciones,

un beso robado en la noche,

nostalgia de las emociones.

Vuelve es la fe del que no está conforme,

un mantra que alista legiones,

delirio pidiendo derroche,

su ropa ocupando cajones.

Funambulista

Pequeña historia de Marina

PODRÍA SALIR BIEN, PODRÍA CON RAZÓN,
LA MISMA QUE PERDÍ AL BESARTE LA BOCA.
PODRÍA DARTE TANTO, TANTO QUE TAL VEZ
TE ASUSTE MI QUERER Y ESCRIBAN NUESTRA HISTORIA.

PODRÍA ESTAR MEJOR, PODRÍAS DEVOLVER
CALLANDO ESTA CANCIÓN, EL BESO ROBADO.
PODRÍAS JUSTIFICARME LA SONRISA CON AMOR,
RIMARME AL CORAZÓN LOS VERSOS DE TUS LABIOS.

«ME ENCANTA TU NOMBRE», «A MÍ NO TU ROPA»,
Y EN SOLO UNA FRASE DESMONTA LA POCA
VERGÜENZA QUE TENGO, «MIRÁNDOTE A SOLAS»,
ACERTÉ A DECIR.
AÚN GUARDO LAS CUERDAS DE AQUELLA GUITARRA
CON LA QUE CANTAMOS DESNUDOS «LUCÍA».
NO ESCRIBO UNA NOTA DESDE AQUELLA PLAYA
SIN PENSAR EN TI.

BAILABA SOBRE EL MAR LA LUNA LENTA Y TÚ
MIRÁNDOLA DE MÁS PROPONES LO MISMO.
«EL RESTO DE MI VIDA, SI TÚ QUIERES», CONTESTÉ,
Y EL CIELO MÁS SE ABRIÓ MOJÁNDOLE EL VESTIDO.

SECÁNDOSE EN MI PIEL DIRÍA QUE LLORÓ.
EL SOL NOS SORPRENDIÓ BAILANDO EN LA ARENA.
«SI CUENTAS NUESTRA HISTORIA, VIDA MÍA, VOLVERÉ».
SE FUE SIN UN «ADIÓS» CUMPLIENDO SU PROMESA.

JURAMOS BAÑARNOS EN TODOS LOS MARES,
CANTARNOS BAJITO LOS DISCOS A MEDIAS,
RESTARNOS LA PENA, CONTAR LOS LUNARES
QUE QUEDAN DE TI.

DEJAR INDELEBLE EN MI ESPALDA TU LETRA,
CUMPLIR LA PROMESA QUE HICISTE EN EL CIELO.
MARINA, TE ESPERO, PERO NO ME PIDAS
QUE VIVA SIN TI.

Si la patria es la infancia, te instalaste en ella surfeando brisas y amaneceres tal y como no querías. Vestida de cumulonimbo, las olas de frac y puesta de largo atravesaban el rojo fuego de tus labios, casi siempre cerrados al naufragio por llegar.

Temías tanto mi querer...

Sigues remando en la espuma de mis manos, sigo cantándote en la melodía de las pequeñas cosas. *Podría haber salido bien.*

Guardo tu collar y las cuerdas gastadas de mi guitarra tan profundamente que tu vuelo no podría posarse en mi nostalgia.

Tu nombre, tres sílabas gloriosas dispuestas entre la última caricia y el primer beso.

Ciudadana del mar, habitante de mi norte preferido, jardín de mi vida un día. Madre de un niño valiente que juega subido a un caballo a traerte las nubes. *Risa marinera de niño presumiendo de origen.*

Una niña convertida en progenitora siempre le dará prioridad a la razón.

Viajamos desde un punto común del norte a la única costa más alta por los álamos verdes de nuestro acento, prendidos de la mano y de la música del coche. Puede que no me vieras sonreír cómplice del paisaje cuando sonó *Marzo*. Entonces te nombré capitana de la bruma y de mi pasado, y a la playa le nacieron catedrales por desnudarte.

Culpable marea si sube para encerrarte. En lo que dura la vida llena, en ese mínimo espacio de arena te quitaste la ropa mirándome, al fin valiente, a los ojos.

Tuve tiempo de contar tus lunares y de no morir rogando más fuerza a la corriente. Nunca antes había bailado al son de una dorna mecida por la luna lenta a unos pasos de la orilla.

Besé su vientre y di las gracias a un volumen inaudible.

Algún señor de la noche remó apaciblemente nuestro retiro del mundo. Con restos de tinta de algún animal marino escribí una verdad en tu espalda que leíste en mi pecho. Luego me abrazaste sincera y desprotegida, tanto que tuve que soltarme por miedo a tanta propiedad.

Cerré los ojos como un condenado a la soga lo hace en su última noche y Salinas me prestó las fuerzas que el océano me había robado. Puede que aún se lea en la mejilla erosionada de una roca «Perdona por ir así buscándote tan torpemente...».

Surgían, entre las conversaciones secretas de su piel y la transparencia de mis iris, momentos únicos: el juego en horizontal de los ombligos, el salitre mordiendo despacio, el cambio geográfico de la rutina.

Y el rock bailó contigo un vals, entre otras cosas.

CODA

Recuerdo el rojo tras los ojos. Un pellizco en mi útero.

La luna observando con compasión.

El abismo que me asoma a una vida lejana en la que fuiste hijo, padre, amante.

Un sudor prehistórico, un dolor que renace.

Reconozco al animal en la distancia de los años.

La piel tan fina que se deshace al besarla.

Los dedos hundiéndose en este lago oscuro y profundo.

Lenguas estancándose en los vértices de las extremidades.

Bebía de tu boca como si se avecinaran siglos de sequía.

Recorrimos con detalle la silueta de nuestras montañas.

Las telarañas de mis ojos se evaporaron en tu pecho entre melodías eternas.

Y admiré tu alma en calma...

Y no hay día que no recuerde tu voz.

Y no hay día que no busque tu olor.

Y no hay día que no desee escapar de aquí...

Rozalén

La vi bailar flamenco

MÍRAME, QUE TENGO SOL Y UNA BANDERA BLANCA
ALZADA DE QUERERTE,
MÍRAME AL CUERPO, PEGADA ARENA PARA SIEMPRE.

MÍRATE, LIMPIA DE VOZ, REPLETA DE SILENCIO
COMO UN MAR EN CALMA,
MIRA QUE TE ESTÁN GRITANDO LAS SIRENAS «GUAPA».

MIRA Y VEN, QUE EL QUE NO MIRA CANTA RODEADO DE BAHÍA.

MÍRANOS, HECHOS DE RON, APRECIANDO EL HUMOR
MORENO Y ELEGANTE.
CÁLATE DE BAÑOS, SÉCATE LIBRE EN EL AIRE.
TODA MAR DELANTE, DETRÁS LA MAÑANA.
MIRA QUE HASTA LA CALETA CANTA HACIÉNDONOS CONCIERTO,
LA MUJER MÁS HERMOSA DEL MUNDO
AHORA BAILA FLAMENCO.

Y LUEGO VINO EL VENDAVAL, TE LEVANTÓ EL DISFRAZ
Y YO LLORÉ PRIMERO,
Y NOS VOLVIÓ LOCO EL LEVANTE
DE TANTO PONERNOS.

«TE ESPERARÉ», ME DIJO, AÚN ERA MEDIA NOCHE
Y LUEGO LEVANTÓ LOS BRAZOS,
Y VI VOLAR A UNA MUJER LLEVÁNDOSE EL VERANO.

DIME A MÍ QUÉ HACE UN GALLEGO EN CÁDIZ
SOÑANDO BULERÍAS.
10 DE ABRIL, LA VI BAILAR FLAMENCO
Y ME CAMBIÓ LA VIDA.

Sucede que a veces me despierto con el aroma de tu risa.

Soñé demasiadas noches para ti.

Del bar a La Caleta de tu mano compañera, dejando pasar canciones, la plazuela de las flores, el trino de las farolas subidos a la noria del levante. Es tiempo de pensar en el paisaje intacto de aquel azar.

Al verte llegar, la luna se dio la vuelta y en su reverso de vino blanco se derramó tibia sobre ti.

Pasear de la mano contigo.

Qué más quieres, primavera.

Recuerdo que tu casa estaba en obras y que quedaba de camino a La Caleta, como si todos los destinos no fueran ese. Quisiste enseñarme tus ruinas, se adelantaron las de mi pasado. Viramos de la risa al suelo en un segundo largo.

A veces el alcohol difumina la voluntad de los sueños. Sirvió nuestra ropa de colchón, o eso creímos. No te importó que se oyeran desde el patio interior los gritos de nuestros pulsos.

Salimos hechos un zarrio con la plata prestada del suelo. De vez en cuando aún se derrama tu yeso de mi piel.

Alguien me dijo hace poco que hoy duerme un ramo de rosas blancas en homenaje.

Le dimos propina a la noche, nos brindó algunas horas más. «Que no amanezca nunca», dijiste lo más cerca posible. «Cántame algo que luego me toca a mí», y en tu andar marinero hasta la orilla dejaste algo escrito en la arena de mi cuello. Habría rezado al dios que quisiera por leerte. Ninguno de los dos nos vimos llorar, como si no supiéramos *a quién agradecer nuestras pupilas.*

Allí se te acabaron el tabaco y la paciencia. Allí te voló el pañuelo y perdí el equilibrio. Allí me tentó la mano del delirio: elevaste los brazos, *todo el cielo entre tus palmas alfareras,* la armonía entre tus dedos y el levante otra vez. Palomas y minutos visitaban tu sonoro milagro. El silencio de Sara Baras moría oliendo a ti.

No había visto elegancia igual a tu desobediencia.

Tenía menos de veintiséis años, acababa de llegar a Cádiz. Qué me importaba a mí el cáncer de los bolsillos, el exilio de los ríos, los grifos abiertos de las preguntas. Yo no sabía del flamenco desnudo de La Caleta ni de su noche. No era consciente de que iba a enamorarme de tu ombligo por dentro, de que ibas a estar para siempre sin pretenderlo, de que *el resto de mis días serían hijos del 10 de abril.*

Soñé y sucedió que nos bañamos desnudos. Dicen que el viento todavía nos guarda honor por allí. El deseo merodeó con mis dedos justo al sur de tu espalda, mi picardía pirata en tu humor elegante. El sur pregunta en abril cuánto aprendí de tu baile. A mí, que a veces muero a la espera de que la vida me vuelva a doler. *Cuántas veces he sido y ahora nada.*

Con qué fuerza ha venido nuestra noche negra a mi blanco folio: tu talle gimiente de espuma, el vuelo de tu lengua en mi boca gallega, la huella de tu sexo en mis versos *pa' siempre.*

El puente que hicieron por vernos maldice la frontera de tu ropa. Por maldecir maldigo nuestro final abierto. Ya solo me llora el ojo que me besaste.

Qué más quieres, primavera.

CODA

El flamenco suele ser un territorio sin matices. O el desdén o la pasión, no hay término medio. Yo estuve allí aquella noche en la que a Andrés Suárez un baile le cambió la vida. Claro que antes de arrojarse a las aguas de La Caleta a bordo de una dama llamada primavera protagonizó un delirante viaje al corazón de Cádiz, en el interior de un coche que, junto a Paco Cifuentes, se estabuló en una calle peatonal sin que supieran a ciencia cierta cómo salir del laberinto de asfalto, municipales y señalética.

Les conocí entonces y me pregunté qué se puede esperar de dos cantautores perdidos en la almadraba del tráfico. Andrés todavía guarda ese raro aire suyo de vikingo a punto de conquistar Al-yazirat Al-Hadra confundiéndola con Roma. Desde entonces hasta hoy nos ha regalado un puñado de canciones que las emociones no olvidan y el oído tampoco: en una de ellas, la que acompaña a estas palabras, habla probablemente de ese día, aunque mi Carbono 14 ignora si era 10 de abril.

Lo que sí recuerdo es que corrían las sonrisas tanto como las cervezas y que compartíamos tanta vida como canutos.

La historia que cuenta la hemos vivido muchos gaditanos: el amor es fácil bajo la blanca baranda del balneario, que diría Javier Ruibal. Allí todos alguna vez hemos probado besos de arena, desde mucho antes que otros gallegos como Andrés llegaran a esta ciudad para aromarla de freidores. Quizá lo hicieran también los tartesos, que algunos fabricantes de leyendas hermosas aseguran que eran celtas y que llevaban los ojos azules de Juan Peña El Lebrijano, cuando desde hace largo tiempo en el flamenco existe el baile por farrucas, de aire gallego. Como indudablemente aquella noche gaditana de Andrés Suárez, hechizado por alguien que fuera capaz de transmitir, al mismo tiempo, la contención y la largueza de Sara Baras.

A nadie del norte se le hace extraño el sur, como este compositor y cantante tampoco es antípoda de la palabra, sino su complementario. La cuida y la mima como un mapa que se diera la vuelta y cuyo contorno literario coincidiera exactamente con la música, como en este libro cuajado de belleza.

Los mundos de la ternura se complementan: yo vi una noche cómo Carlos Núñez era capaz de tocar en su gaita los compases de la blanca y verde de Carlos Cano. Antes de que el mundo pareciera redondo a quienes nos gobiernan, también Cádiz fue el Finisterre. El non plus ultra. Que, como en una copla carnavalesca, traducido resulta: Andrés Suárez. Le admiro mucho. También me apiado de él. Una noche vio bailar flamenco y no lo olvidó nunca. Está maldito como tantos de nosotros.

Juan José Téllez

Dama que pinta en el sur

HAY UNA NIÑA QUE PINTA EN EL SUR
UN ROMÁNTICO ENCUENTRO A LAS CUATRO,
UNA FUENTE DE LUZ EN LOS LABIOS
REFLEJANDO VIVIR.

HAY UNA DAMA QUE ESPERA EN EL SUR
LOS COLORES QUE VENGAN SIN MIEDO,
LA FIGURA ENTRE EL VIENTRE Y EL PECHO
QUE POSÉ PARA TI.

BEBO DEL OJO QUE TRAZA PERFECTA LA DUDA.
CELOSA, LA TARDE PREGUNTA:
«¿PUDIERA EN LA SOMBRA SEGUIR?».

SI PUDIERA VOLVER A ABRAZARTE,
CAMINAR UN OCÉANO JUNTOS,
ENCONTRARTE PERDIDA Y EL RUMBO
TE HABLARA DE MÍ.

SI ESCRIBIERA EN AMOR PARTITURAS
COMPONDRÍA DESPACIO EN TU ESPALDA,
SEMBRARÍA POR TI LAS PALABRAS
QUE TE HAGAN REÍR.

PÍNTAME LIBRE Y FELIZ
PERO PÍNTAME CERCA DE TU ALMA
EN UN TREN DIRECCIÓN A LA CALMA
QUE ME HICISTE SENTIR.

DEJA QUE EL VIENTO DIFUMINE EL BESO
EN LA HOJA CADUCA DE UN PARQUE QUE LLORA
PIDIENDO UN OTOÑO AL JARDÍN.

SI PUDIERA VOLVER A ABRAZARTE,
CAMINAR UN OCÉANO JUNTOS,
ENCONTRARTE PERDIDA Y EL RUMBO
TE HABLARA DE MÍ.
SI ESCRIBIERA EN AMOR PARTITURAS
COMPONDRÍA DESPACIO EN TU ESPALDA,
SEMBRARÍA POR TI LAS PALABRAS
QUE TE HAGAN REÍR.

SI PUDIERA VOLVER A ABRAZARTE...

Era capaz de colorear la sonrisa al niño que había perdido el globo de su infancia, de curarle el suspiro a tu pecho, de borrarle la pena a esa nube.

Me abrazó en una barra, los dos estábamos solos. Sonaba *Óleo de mujer con sombrero*. Nada de lo que ocurre en los bares es azar. Sonreía como una viuda buscando un segundo bolero. Tras el primer trago amargo de la última ronda besó mis grises desconocidos. A mi fe le faltaba ella. Desde entonces, a nuestra hora, no consigo dejar de desobedecerme.

Recuerdo el azul cielo en el tapiz de su cama. Me tatuó en la espalda la verdad de sus gemidos en un cuarto no muy grande que olía a Montmartre mojado.

Derramó las negras notas de la taza sobre la colcha.

Derramó la más hermosa sinfonía de amor.

Me dijo que trabajaba solo en primavera, en el sur, y lo entendí: *ella siembra el amor en el color de las palabras.*

Imaginen un campo de amapolas, y su cara de sorpresa por mi mano en su cintura, y mis besos encendidos de acuarela.

Se nos secaron los besos antes de que ardiera el color cereza.

A su edad algunas frases naufragan al ocaso y yo, celoso de la luz cambiante de los meandros de su risa, entendí *lo locuaces que son los labios sedientos de mentiras,* arte que en mi mutismo nervioso no pude cantar.

No supe avisar con tiempo a la noche y me despertó en la madrugada pidiendo que me marchara. Quedé impresionado por la perspectiva del silencio. Desde entonces me pregunto si mi negrura negó en algún momento su creación eterna de aquel día.

Haciéndole caso a algún cupido indemne salí del nido y de ella, después de todo, *el llanto es manantial de salud,* sabedor de que

una dama capaz de pintarlo todo
no fue capaz de pintarme feliz.

CODA

A la música

Palabras, melodías y sentimiento,

silencios que esconden lo intuido.

El rumor de un recuerdo perdido

por la expresión del amor compartido.

Álvaro Urquijo

Una noche de verano

A LAS DIEZ DE LA MAÑANA EXACTAMENTE
SUSURRÓ «PONME OTRA COPA,
SI NO TIENES TE LA INVENTAS».
NOS QUEDABAN SIETE HORAS, QUÉ SÉ YO.

A LAS DIEZ DE LA MAÑANA, SUFICIENTE,
ME DOLÍA YA LA AURORA
DE MENTIRLE, DE ACUSARLA POR SEGUIRME
EN AQUEL PROHIBIDO AMOR.

A LAS DOS, SI NO ME FALLA LA MEMORIA,
ME ARAÑÓ LA ESPALDA, DIJO «NO ME DUERMO»,
SE FUMÓ LO QUE QUEDABA DE MI PECHO
Y ME BESÓ

COMO NADIE ME HA BESADO HASTA AHORA,
Y EL CANTANTE QUEDA PRESO EN EL RECUERDO.
EN UN TÍMIDO SILENCIO SE ACOMODAN
MI TE QUIERO Y SU DESPUÉS.

RECUERDO QUE ME ARRODILLÉ,
RECUERDO EL NÚMERO DEL TAXI
QUE CONDUJO HASTA EL INFIERNO,
SU DORMIR SIN «BUENOS DÍAS» COTIDIANOS
DE UNA NOCHE SIN PERMISO NI CARNET.

RECUERDO BIEN LA CARA DEL AGENTE
QUE LEVANTABA MI CUERPO, SOLAMENTE,
EL JURAMENTO QUE GRABÉ BAJO SU OMBLIGO,
EL CAUDAL FUERTE DEL RÍO EN LA CAMA DE UN HOTEL.

UNA NOCHE SIN SU DÍA EL CANTINERO
LEVANTÓ LA VISTA HACIENDO QUE VEÍA
MI FIGURA. ME SIRVIÓ, SIN YO PEDIR,
LA COPA ROTA.
NO SANGRÓ LA BOCA COMO PROMETÍA,
EL TUNANTE QUE ELLA TANTO MENCIONABA,
NO ME DIO LA GANA DE CERRAR LA HERIDA
Y LA ESPERÉ.

Y A LAS SIETE LUNAS MÁS A LA DERIVA,
A MI LADO MÁS AL SUR DE AQUEL MADERO,
UNA HISTORIA PARECIDA A UN MARINERO
SE ESCUCHÓ.
Y EN LA TIERRA PROMETIDA YA NO HAY ORO,
Y UN GALLEGO, TIERRA ADENTRO, SE RETIRA,
Y EL LAMENTO QUE RECORRE LA BAHÍA NO VOLVIÓ...

RECUERDO QUE OLVIDÉ SU DESPEDIDA,
SU SILENTE «HASTA MAÑANA»,
SUS LUNARES YA NO RIMAN
CON LOS VERSOS EN LA CAMA,
SIENDO TODA LA POESÍA, LE SERVÍA DE PAPEL.

RECUERDO A BENEDETTI EN SUS PUPILAS
CUESTIONANDO MI PASADO,
POR PASAR, PASÓ LA VIDA
UNA NOCHE DE VERANO,
NO MALDIGO SU MENTIRA,
SOLAMENTE ESTE QUERER.

Recuerdo de aquella mañana el calor cobarde, la desesperación de los electrodomésticos y que el café sabía que *una canción me buscaba*.

En verano me vuelvo aún más niño. Los días pasan secándome en canciones, guiños al salitre que me escribió. Nunca está de más profundizar en tus raíces. La melodía de un violín amigo me cuidó hasta algún pueblo del sur con puerto. *No lo olvidará mi pecho mientras pueda.*

A medida que el concierto avanzaba, la noche se hacía fuerte y los hombres solos vestían su propio canto, nunca el mío. Me distrajo un cuerpo flotando en el otro, la fuga perfecta de una pareja al baño y una boca abierta *en cursiva* para mí. Había sido testigo de billetes enroscados en droga para pagar terapias, del impacto consciente de dos barcos o de la pasión gitana del romero, pero nunca la había visto a ella caminando hacia mí con un rebosante vaso mientras le cantaba al resto de inocentes.

Los pocos que me escuchaban rieron cuando, dicen, me equivoqué de letra. Ya no me hallaba allí, me estaba despidiendo de algún verso que había compuesto para otra. Cada sílaba en mí escrita ahora dudaba.

La encontré sola en la barra, riendo. Entre su silla y su trago exclamaba el acorde de los amantes. Nos dimos un beso mudo.

Nunca hubo orden entre mi sudor y su aliento.

Me detuve en el agua potable de su frente mientras desvestíamos la noche con cante de ron. Me pidió disculpas por llegar veinte años tarde, la amnesia fue una flor que le regalé en la puerta de aquel hostal sin lujo, *solo una cama donde desgarrar las estrellas.* Me hizo creer que se creía mis mentiras.

La droga del uno en el otro subía bien.
Llevaba en el bolso licor y el libro de un poeta que había amado.
Liberó la patria de su ropa interior contra el suelo,
quebramos una frontera en cada brindis,
lloramos de la risa y de placer.
Propuso cambiar su sur por mi norte.
El reloj nos amaba.
Un hombre de hombros tristes pretendía echarnos del edén por aullar placer desde el balcón.

Algún compás después quise *hacerme el despierto en su pelo.* Le propuse pasar una semana santa pecando a mediados de agosto pero ya era tarde, ya venía a buscarla el rojo farsante del cielo.

Su rostro había cambiado; es terrible sentir la culpa ajena.

Sus ojos empuñaban una espada plomiza, no ocultó su mueca en la rueca gigante de aquella despedida.

Había encendido una hoguera en el monte de mi pecho; de nada sirvió mi plegaria, de nada aquel justo quejido, *su decisión fue fuerte como el paso mortal de la horca.*

Los dos sabíamos que no volveríamos a vernos mientras se alejaba en un taxi con M-30 y derrota y mi lupa de ver de lejos. Si cumplió su promesa, ha de llevar un corazón mal pintado por mi mano izquierda debajo de su ombligo. Probablemente le falte ropa interior y le sobre un juego de llaves.

Se fue con una injusta primera luz después de haberse ofrecido para siempre.

Por pasar, pasó la vida
una noche de verano.

CODA

¿Nunca te has preguntado por qué las historias tristes tienen tanta pegada? Yo no creo que el amor sea sufrimiento, ni tampoco que nuestra vena masoquista disponga de licencia para devorarnos. ¡La culpa es de las canciones!... y de quienes las escriben; esa tribu de druidas del sentimiento a los que algunos no se atreven a llamar cantautores. Andrés es uno de ellos y una tarde en la radio coincidimos en mandar al carallo a quienes proponen disimularlo. Si no te emocionas (o no te identificas) con *Una noche de verano*, lo siento por ti. Prueba a leer a Benedetti. O espera veinte años más a ver si aparece alguien.

Carles Francino

Imagínanos

IMAGÍNAME FELIZ, ASÍ SERÁ COMO UN CUENTO,
IMAGÍNATE UN DESLIZ SOBRE UN TAPIZ DE CIELO.
LUEGO ESCRIBIRÉ «BERLÍN» PARA QUE LLEGUE EL INVIERNO,
RODAREMOS Y EL JARDÍN SERÁ UN VESTIDO NUEVO.
LUEGO OTRA VEZ A VIVIR, LUEGO PRIMAVERA, INVIERNO...

IMAGÍNATELO ASÍ, CON ESTA CARA DE BAILE,
COMO QUIEN TE HACE REÍR Y TE BESA EN LA TARDE.
LUEGO UNA CANCIÓN SIN MÍ.

IMAGÍNATE UN PERDÓN POR LO BAILADO,
UN NO TE QUIERO TANTO SIN SALVARTE ANTES,
REAVIVAR DESPLANTES POSADO EN TUS LABIOS,
LEVITAR SIN AIRE QUERIENDO SER VIENTO.
TENGO DEMASIADO TIEMPO LIBRE PARA SER FELIZ,
TENGO QUE SALIR DE AQUÍ, ME ESTOY VOLVIENDO CUERDO.

Y MIRO LA CARA QUE TIENE LA LUNA Y YO
QUE BUSCO EN LA TUYA EL FUTURO Y LO ENCUENTRO SOLO CUANDO BEBO,
LO SIENTO, ME VOY...
Y UN COLIBRÍ DE PALABRAS, LENTAS, SIN SIGNIFICADO,
A UNA GARGANTA QUE CANTA, UN MEDIDOR DE PASADO,
AÚN NO ES TARDE, ES MAÑANA, AÚN ME QUIERES CALLADO.
AHORA BAILA, BAILA.

   IMAGÍNANOS SIN MAR PERO MOJADOS,
   DOS ACANTILADOS Y UN BARCO DE VELA,
   UN ABRAZO LARGO DE SONIDO CELTA,
   RECOGER LO QUE HA DEJADO UNA MAREA LLENA
   Y PASEAR DESCALZOS CON NUESTRO TESORO,
   Y TÚ DICES QUE TE QUEDAS Y NUNCA ACABA EL VERANO.

VAMOS A HABLARLO, ¿QUÉ TE MOLESTA AL VIVIR?
SOMOS DOS BARCOS VARADOS, SOMOS MACHADO Y MACHÍN.
VAMOS A UN LADO, HAY OTRO PERO NO AQUÍ,
VAMOS RODANDO DESCALZOS, VAMOS QUERIENDO SEGUIR, VAMOS
CALLADOS...

Imagina...

Que de tres a cinco con este calor le das agua a tu peor enemigo.

Pasear a tu perro vertiendo palabras en la soledad y el silencio de los días sucesivos.

No ser conciso ante la espesura de las olas.

Las dos manos en la zona de confort de los cronopios.

El jaque mate a las piezas desvestidas de mi tabla.

Las cosquillas que dejé de notar contigo.

Las órdenes pasando de largo, oda a los abuelos que ganan este tiempo y el anterior.

Decirle a una musa que ya no escribes.

Despertar en el febril sueño de los adolescentes a los cuarenta y pico.

Un amor real, sin artificio.

Imagínate feliz sosteniendo mis hojas, así será como un cuento.

Dibujar en las retinas de los niños un planeta no tan malo.

Los zapatos desgastados por la prisa y un lento frío.

La metralla de una risa en una pensión cubana.

Su aliento contra los cristales de otro.

Describir Argentina en prosa rompiendo esquemas y botones.

Un padre-moneda de cambio para su hija.

Un trébol de cuatro aries en mitad de Nueva York.

Concluir la historia de una jornada gloriosa a la que no viniste.

El reto del pan y del trueno.

Buscarle a mi voz más vidas.

La grieta de la Antártida crujiendo a carcajadas, todavía inocente y sin miedo.

Abrir la basura y, de pronto, el peluche de tu infancia asomando un solo ojo.

Agitar las cabezas insomnes de las conciencias.

Un tsunami sediento de Cádiz.

Todas mis raíces en Cariño despojadas de lo dulce.

Piaf rogando cordura.

El silbante centeno que te incita.

Pasar de largo el otoño y la seda.

Bloquearle el pasado a Twitter.

Desbandada feroz de la bondad de Arequipa.

Ser agua para una isla.

El monstruo de tu armario exigiendo inocencia.

Todas las televisiones perplejas al café.

Conformarte con media noche.

Necesitar un vals para olvidarla.

Ahora imagínatela a ella
sentada sobre mí, desnuda,
diciéndome al oído «te quiero»
sin apenas conocerme.

CODA

Imagínate un escenario dormido,

el acantilado con vistas al invierno.

Imagínate un sueño compartido,

un sueño eterno.

Pancho Varona

Apenas te conozco

VEN A VER,
HAY UN PÁJARO CANTANDO EN LA VENTANA,
Y SÉ QUE SE ESTÁ RIENDO DE ESTE PENTAGRAMA.

MÍRATE,
EN LOS LABIOS LLEVAS MUDA LA ESPERANZA DE
LA MUDANZA DE UNA NIÑA REFUGIADA.

MÍRANOS,
DICIÉNDONOS ADIÓS A CASI NADA.
APENAS TE CONOZCO PERO SANGRA
LA PARTE DEL ABRAZO QUE NO DOY.

NO QUIERO
QUE TE LLEVES DEL TODO MI GARGANTA.
PERMÍTEME BAILAR SOLO LA DANZA
DE LOS QUE BAILAN SOLOS POR AMOR.

TE DEJÉ
UN PAPEL MOJADO, CARTA EN EL DESPUÉS
DE LA MESA QUE AYER NOS SIRVIÓ DE CAMA.

OJALÁ
UNA RÁFAGA DE VIENTO SE LA LLEVE Y YO
PUEDA CONTINUAR LATIENDO,
QUE EN LA HABITACIÓN
REVERBERE MI GIMIENDO,
QUE HAYA OTRA OCASIÓN,
QUE ALGUIEN ME REGRESE EL FUEGO
A LA PALABRA.

DIME ADIÓS,
ATRÉVETE A DECIRLO, YO NO FUI CAPAZ.
APENAS TE CONOZCO PERO MATA
LO MÁS ABIERTO DE TU INTIMIDAD.

TE QUERRÉ EL RESTO DE MI VIDA SIN VOLVERTE A VER,
SIN SABER QUÉ FUE DE TI, DE AQUELLA CARTA.

TE QUERRÉ EL RESTO DE MI VIDA SIN VOLVERTE A VER,
SIN SABER QUÉ FUE DE TI, DE AQUELLA CARTA.

Toda la vida viajando y aún no se me ha gastado la palabra «amor» en su alianza de tildes, acentos y secuelas.

Hoy sigo vivo tras aquella revolución. Te recuerdo en el anonimato valiente de las pisadas sin regreso, entre gritos de sobremesa y la indiferencia reiterada de imágenes que aún vuelan y se acumulan.

Qué estarás salvando ahora en tu pacífica piel blanquecina.

Tienes el don de la risa por terapia y por bandera. Entretanto, enamoras siempre a los espacios, a los países que pisas y sus ratos de ayuda, de querer y de abrazos.

Son tuyos los colores de mis deseos y anhelos, donde nace el canto y perecen la ira y el llanto.

Una única persona vino a salvarnos a todos.

Cuánto me costó convencerte de que dejaras al mundo una noche y te entregaras a socorrerme.

Durante un tiempo trabajó como cajera de supermercado. Cada lunes se acercaba un anciano, ya no acompañado, con el peso del tiempo en la cara y pocas ganas de reír. Contaba las monedas para su caja de fresas, aquel lujo que no todos se pueden permitir. Luego se marchaba anhelando el sabor de una vida.
Un lunes, conmigo delante, cuando el hombre se acercó a la caja dispuesto a pagar, ella sacó de una bolsa las tres cajas más llenas

que había visto en mi vida y se las dio diciendo que eran un regalo en justicia.

Vi cómo ese hombre lloraba a solas, sin vergüenza, sin pedir un abrazo. Se fue mirando al cielo con su tesoro.

Todavía le debo una canción.

Una cajera con dos carreras salvó una vida con el fruto de la sonrisa. Me hubiera perdido esta historia en aquellos años en los que negaba la luz del día. Hoy son las canciones las que no me dejan dormir. Hay más vida en los mercados que en los bares. Temo ser demasiado feliz. Tal vez me haya muerto en alguna barra y nadie me haya advertido; no debe de ser agradable corregir a la muerte.

En el domicilio de la fortuna te dije que no tenía creencias antes de tu boca. Besé la foto del Che de tu pared, entonces sí quisiste probar mis labios. Qué dios o qué Buda capaz de odiar tu tregua.

Ojalá aquel atasco de nubes hubiera retrasado la noche. Ojalá aquel trueno de colectivo argentino no silenciara tu confesión. *Ojalá* sonaba en tu móvil paseando las calles de la lucha que otros nos cedían, indemnes. Nadie debe pasar sin aviso de tu carretera secundaria a la autopista de tus espaldas. Ay de tu halcón peaje, ay del fuego en casa en aquella hoguera de San Xoán.

Negociamos los alambres de algún resto de ocaso. Me regalaste una pulsera que África te cambió por un gesto de barrio. Yo no pude darte siquiera un verso mientras perdía aquel vertical combate.

Me hablaste de la plaza de mayo, de tus días en el rastro. Te dije que nadie me había besado en el Tenampa y entre tu Argentina y mi México no hubo más que guerrilla.

Así te dejaste querer, o eso creía, en un país consciente de tu innegociable partida. Regresaban contigo, de vacaciones, la conciencia y la clase.

Supe acorralarte contra un muro repleto de memoria y en un segundo beso gritaste «¡Hasta la victoria siempre!» a unas sirenas prendidas y fatigadas en una ciudad sin mar que solo ensayaban amarte.

Algún yembé presagiaba cada uno de nuestros gemidos durante aquel beso infinito. Cualquier editorial censuraría lo que nos dijimos a los ojos.

Me besaste en público de la manera más privada. Besabas como una balada de Damien Rice. No me dio tiempo a decírtelo.

La raza humana busca tu alegría para saber si existe y, así, sentirse superviviente en tu paréntesis rojo.

Nos mezclamos en un parque adolescente que bebía con ganas. «Deja que se diviertan los jóvenes mientras nos amamos», dijiste al tiempo que alzabas tus diminutos brazos y me dejabas leer tus tatuajes y enigmas, y en el tronco colchón de aquel planeta inscribí algo parecido a nuestras iniciales. No encontré sustantivo capaz de definirnos.

La piel tiene memoria, y aunque la mía ya no busque la tuya, melocotón maduro, recuerda el café republicano de tu cuarto, tu leve pecho contra un comanche lecho resabido y roto, tu cara rendida al cansancio. Esa memoria pactó con mi olvido la carta sincera y humilde de mis ideales que no morirán contigo.

Deserté en la mesa mi adiós y el poso de un deseo que sigue sin ser bebido.

Me senté rendido como mirando el inerte cuerpo amigo que no sabía qué defendía en el campo de batalla.

Tu sensibilidad trataba de protegerse de mi escritura.

Desperté con vistas al mismo colchón, ya vacío, más viejo y sudado de lo normal. Flotaba desde el salón una canción de Dylan que alguien dejó sonando en la condena de su repeat. *Menudo ejemplo para el silencio.*

Ni siquiera un adiós ni una marca de dedos en mi frente. Solo un gorrión en el pomo de la vida riéndose a trino limpio. Maldita guerra de ventana abierta, de puño, ginebra y teta, de credo en la barricada que no volveré a rezar.

Qué haría esa mesa si volviera a verme niño dudando de tu perfume, insano y a salvo. Zafio, te encontré sin haber salido a buscarte.

Yo también lo niego todo.

No volveremos a vernos nunca. No sabríamos perdonarnos.

CODA

El ángel que abraza al diablo de las noches turbias, serena al histrión del grito desesperado, mece al niño del abril eterno muy cerca de donde se oculta la ciudad de Lucerna. Ese corazón valiente y viajero que arde de historias grandes y pequeñas, propias y ajenas, esa voz interior que saca del lamento, de la pérdida y del desengaño, de la melancolia, de las horas marchitas que nunca volverán, la soledad de soledades. No saben de mí.

Si Manuel de Melo definió saudade en 1660 como «un bien que se padece y un mal que se disfruta»..., los cantos de Suárez... Disfrutemos y padezcamos los versos, los relatos, las melodías, los arrebatos, la dulzura y la amargura de los cantos, los poemas del Mío Suárez. El hombre, la guitarra y el mar. Cantar para aplacar la marea y aprender mil maneras de romper una ola. Suárez y sus circunstancias. Basado en hechos reales, en el eterno retorno a Pantín.

Santiago **Alcanda**

No te quiero tanto

ME HA LLAMADO CABALLERO
LA PUERTA DE UN LAVABO.
ME HE MIRADO EN EL ESPEJO,
NO ERA CIERTO Y HE LLORADO.
HOY NO TENGO LA CABEZA
COMO PARA HACERTE UN TEMA Y ANDO,
ANDO EQUIVOCADO Y SIN CAMISA,
SOY UN CARNAVAL DE CÁDIZ Y ANDO.

Y GUARDO EN LA MEMORIA EL EQUILIBRIO
DE UN DOMINGO ATRAVESADO.
Y GUARDO AQUEL RETRATO DE TU PECHO
QUE ESCONDÍ EN EL CALENDARIO.

TE HE DEJADO EN LA DESPENSA LUNAS
SI ACASO ES QUE OSCURECE,
CREO QUE SE HACE TARDE Y YA EMPEZÓ LA ORQUESTA,
BUSCA ENTRE LA GENTE.
CARAS DEMASIADO CUERDAS
PARA UN ESCENARIO CADA VIERNES.
ESPERÉ HASTA EL SÁBADO
Y LA FERIA FUE CAMBIÁNDOME LA SUERTE.

PONGAMOS QUE TE PONGO Y TÚ ME PONES
EL DERROCHE ENTRE LAS MANOS.
PONGAMOS QUE ÉL TE LLAMA Y NO LE COGES
Y SE NOS JUNTAN LOS LABIOS.

Y NO TE QUIERO TANTO COMO PARA NO VER
QUE HAY GENTE AQUÍ A MI LADO.
Y NO TE QUIERO TANTO LOS DÍAS DE DOMINGO
QUE PESAN COMO AÑOS.

QUÉ HACEMOS DE LOS DOS AHORA
QUE YA ME QUIERO UN POCO,
QUE ME MOJA EL MAR DEL SUR LOS PIES,
ME MOJA Y NO ESTOY SOLO.
MEDIO LOCO COMO TÚ, COMO AQUEL VERANO AZUL
QUE SE NOS FUE DE LAS MANOS.

DESPIERTA YA MI BIEN, DESPIERTA QUE YA AMANECIÓ,
QUE OTRA VEZ NOS LLAMA HACIENDA,
QUE HAY ATASCO EN LA M-30.
Y AÚN NOS QUEDAN FUERZAS PARA MEDIO ASALTO
EN LA CALLE LIBERTAD.

PONGAMOS ENTRE LOS DOS DOS GIN TONICS
EN LUGAR DE TU ABOGADO.
PONGAMOS QUE ÉL TE LLAMA Y NO LE COGES
Y SE NOS JUNTAN LOS LABIOS.

Y NO TE QUIERO TANTO PENSÁNDOTE DESPUÉS
DE UN POLVO EN CUALQUIER BAÑO.
Y NO TE QUIERO TANTO SI ACASO ES QUE TE CIEGA
LA LUZ DE UN ESCENARIO.

Y NO TE QUIERO TANTO COMO PARA NO VER
QUE HAY GENTE AQUÍ A MI LADO.
Y NO TE QUIERO TANTO, QUE TENGO MÁS AMIGOS
QUE TÚ SOLDADOS RASOS.

Estoy anclado en la recepción de un hotel de una isla brasileña. Un hombre de la edad de nuestros padres carga las maletas en la cuesta que mira al cielo. Tengo un boli a media carga y el canto nuevo de un ave imposible, invisible mientras trata de contarme algo. Por aquí no duermen la navidad ni la paciencia.

Otro hombre barre hojas muertas en la arena, las entierra con los pies para que el mar se las lleve un rato y así el turista no las vea. *Un hombre barre todos los días las mismas hojas muertas desacreditando la insistencia del mar.*

Al fondo de la sala hay una televisión desintonizada permanentemente prendida al ruido; creo que quieren que sienta la misma humillación que nos hace sentir.

El joven de la recepción cuenta no más de veinticinco años, apuesto, de lluvia y risa argentinas. Tendría todo el futuro por delante si no fuera por su pasado. Pronto dejará atrás este hotel para llegar a lo más profundo del Amazonas. «No estaré aquí por mucho, che». No es preciso ir más allá, a veces en una pregunta detonas algo en el mar de alguien como rompiendo un templo sagrado sin permiso.

El poder de la palabra se hace mayor si a tus ojos les falta cariño, por eso persigo veranos. No sé ni me importa, y me hace bien, el porqué de mi obsesión por ese espacio temporal buscado. Tal vez sea *adicto a la infancia*. Me gusta imaginarme a una niña jugando en algún horizonte incierto o el poliédrico beso enamorado en la playa mejor iluminada del mundo. *Creo* en su risa madre del aire, *en mi voluntad de amar.*

En un verano nos conocimos, en un otoño nos detestamos. Entendí que algunas mujeres buscan el intercambio de su cuerpo por mi letra. Ella quería ser adicta a la tristeza los meses en los que los jardineros fieles se citaban para verla pasar.

Trata de conjugar, odiando, el reflejo de sus ojos.

Le gustaba colocarse con algo que echaba de menos al blindar un final feliz.

Una noche me encerró en el baño del Libertad y no fui libre.

No conozco dolor igual al de ver morir un verano. Los enamorados y las ninfas han de despedirse al primer otoñal saludo. En ocasiones busco en las redes la hora y temperatura precisas de los lugares a donde llega el sol cuando aquí nos deja, como si no supiera que la voz final de la primavera hace corpórea cualquier palabra, potente, vital.

En algún lugar del mundo será verano mientras un editor corrija mi tristeza.

Todos huimos de algo: unos se marchan a Brasil y otros incendian el bosque de tu palabra para siempre.

El año que menos deba me atreveré a *quererme tanto como para perseguir todos los veranos del mundo.*

CODA

Llega tan sobrado el amor a inundarlo todo que lo dejamos entrar sin reparos en nuestras rutinas, tiñéndolas con un halo de aventura y riesgo tan adictivo y hermoso que creemos que nunca nada podrá hacernos daño. No es que nos volvamos valientes, es que vivimos borrachos. Y aunque por un rato volemos y lo observemos todo como elevados sobre el asfalto, no es algo que tenga demasiado mérito.

Lo meritorio, querido lector, es darse cuenta de uno mismo cuando los afectos se rompen, cuando nos quitan la copa y encienden la luz y empezamos a atisbar la resaca de una temporada de excesos.

Y repetirse «no te quiero tanto, no te quiero tanto» como un mantra balsámico que nos ayude a comprender y a querer mejor la próxima vez, porque quizá, con suerte, será la última.

Fabián

Estrellas

ELLA ERA UN DELFÍN, ÉL UN FIEL MARINERO,
NUNCA DIJO «TE QUIERO» NI ELLA DIJO QUE SÍ.
ELLA MES DE ABRIL, ÉL SEDIENTO AGUACERO,
RESPONSABLE PRIMERO DE SU RISA INFANTIL.

VOY A CONTAROS LA HISTORIA MÁS DULCE EN EL CIELO.

PROMETIÓ DECIR SOLAMENTE VERDADES
COMO SOLO ELLA SABE, EL AMOR ES ASÍ.
ÉL BUSCÓ UN LUGAR ENTRE VENUS Y MARTE
POR SI ACEPTA MARCHARSE Y LLEVARLA A VIVIR.

CUENTAN QUE NUNCA VOLVIERON A VERLOS,
QUIÉN SABE.

ESTRELLA POLAR, LÍBRALOS DEL FRÍO.
ESTRELLA FUGAZ, SI HACEN EL AMOR.
CELESTE SI EN UN BESO RESUCITAN,
HAY DOS ESTRELLAS NUEVAS EN ORIÓN.

ÉL JURÓ BRILLAR MUCHO MENOS QUE ELLA,
SOLAMENTE UNA ESTRELLA SE HACE FUERTE AL DOLOR.
CIELO, NO PERMITAS QUE LOS VEAN DESVESTIDOS,
LA MAREA NO DELATE EN SU VERDAD
UN AMOR FURTIVO DE LEYENDA,
COMO EL NIÑO A LA COMETA,
BAILAN LENTOS SIN BAILAR.

SUS PADRES JAMÁS MIRAN AL CIELO,
QUIÉN LLORARÍA PRIMERO
SI ESTA HISTORIA HA DE ACABAR.
PADRES QUE PERDIERON SU INOCENCIA,
QUE SOLO MIRAN AL SUELO.

ESTRELLA POLAR, LÍBRALOS DEL FRÍO.
ESTRELLA FUGAZ, SI HACEN EL AMOR.
CELESTE SI EN UN BESO RESUCITAN,
HAY DOS ESTRELLAS NUEVAS EN ORIÓN.

A la hora en la que beben, enamorados, los secretos —la misma en la que *durmientes amantes* se conjugan— se citaban a diario y a diario ella llegaba tarde. En el miedo escénico de su llegada, él recitaba en alto un «te espero» tan necesario para todos. Imagínense tanto amor vibrando en el aire, *¿acaso usted, lector, no vestiría el amanecer por ella?*

Juntos eran milagro en aquel insomnio secreto.

Podría decirles que vivían en Madrid, tenían la edad de los túneles y veraneaban en un pueblo entre Oia y Bueu, al sur de mis costas. Era un amor bendito en la religión adolescente de los ansiados veranos donde el horizonte al fin cuenta una verdad.

Secreto furtivo siquiera preocupado por la primera confesión de las flores que gritaban en rebeldía su historia. Bien lo sabían: *ya nadie escucha a una flor.*

Se vestían con canciones de quién sabe qué amor. Él escribía versos en la curva de su espalda y ella los entonaba sorprendiéndole siempre.

Solo cantaba para él y él quería ser hombre pronto para protegerla.

Los dos sabían que si aquel amor fugara *caminarían hacia el olvido eternamente.*

En su inocencia dejaron alguna pista: un papel escrito en la tortura de un rosal —«El día ya cerró, abre conmigo la noche»— u otra inicial tallada en la barca de un viejo marinero.

Sus padres se conocían de siempre. Eran capaces de hablar de negocios ante aquella ventana celeste que solo unos días se abre. *Los cuatro solían caminar gachos por la orilla atándose los cordones de la vergüenza.*

En ellos una estrella era más que un punto de luz. Nadie los vio subir sin fatiga la cuesta de su locura. «Me vale la estrella que elijas», grabaron en la dulzura de un árbol mientras lanzaban al aire monedas con diez caras solamente dejando que *sus silencios hablasen con desconsuelo.*

Su espigón nunca dirá nada.

Aguardaban impacientes el día en que los fuegos festivos de artificio parten en dos agosto. Aquel sería su único baile público año a año; sus caderas flotando entre la celosa envidia y un beso en el aplauso, ojalá, muy largo.

En Galicia las orquestas disputan el sexo en los llanos y aquella noche bailaron Juan Luis Guerra hasta que un sol de justicia les llamó la atención.

En fiestas no importa a nadie llegar a la hora del gallo.

Maldito campanario delator que anunciaba el final del verano, pues su amor detestaba el frío con joven razón.

En su última noche, ella tardó demasiado. Llegó con el viento envuelta en el incienso de los enamorados condenados con su cadena de hierro.

Él la esperaba en el agua con un velero prestado y un corazón que decía «no latiré sin ti».

Ni siquiera en lo más profundo encontraron la vela, ni el puño cerrado de escota, ni la rabia del timón.

Nadie sabe si flotó aquel mástil entre ramas de secretos ni qué último poema eligieron en su despedida.

Solo sé que andamos tan perdidos que olvidamos buscar en el cielo.

CODA

Se vestían con canciones de quién sabe qué amor.

El amor busca canciones y poemas, igual que los poemas y las canciones nacen de un amor y buscan el amor. Las palabras pertenecen a la educación sentimental de la gente. El viento y los mástiles lo saben. Y lo cuentan, y esperan que alguien lo escuche y lo repita. Esa es la tarea de artistas como Andrés Suárez.

Secreto, verano, espera, verdad, horizonte... Luego también otras palabras como final, última, y una declaración: «No latiré sin ti».

El mar tiene sus profundidades. Los seres humanos tienen también su mar y sus profundidades. Como un sedimento dejado por la vida, las palabras bajan al fondo de cada uno. Todas las historias de amor son un viaje submarino por el tiempo. Ayer, hoy, mañana, las olas, las orillas. Juntar olas, caracolas y recuerdos es la tarea de personas como Andrés Suárez.

Luis García Montero

Si llueve en Sevilla

CÓMO LLUEVE EN SEVILLA,
UN OTOÑO MARRÓN.
EL HOTEL ES UN ACTO DE AMOR PARA DOS.
PERO TÚ NO ESTÁS, VIDA.
HE BAJADO A LA CALLE,
ME HA SUBIDO EL CALOR
DEL ACENTO QUE QUIERE ESCUCHAR MI COLCHÓN.
ERA UN SÁBADO TARDE.

   Y AHÍ VOY, DOBLANDO UNA ESQUINA,
   SE DOBLA EL AMOR.
   HABÍA UNA MORENA VENDIENDO PULSERAS,
   GRITANDO VELOZ,
   CANTANDO SAETAS. LA MIRO, ME VOY,
   PERO DI LA VUELTA.

QUÉ HAGO, ME DIGO.
ME MIRA, SE RÍE DE MÍ.
«SI QUIERES, GALLEGO, TE LLEVO HASTA EL RÍO».
LE DIJE QUE SÍ.

FUI A UNA TORRE QUE BRILLABA Y VI
CÓMO NOS TEMBLABA EL CIELO.
FUE COMO LO CUENTO, FUE ASÍ,
OLVIDÉ QUE HABÍA CONCIERTO.

FUIMOS, EN PASADO, A UN TABLAO FLAMENCO
Y PUDE VER EL CIELO DESDE ABAJO
CUANDO DIJO SUSURRANDO
«DAME UN BESO Y NO SALUDES
A ESA QUE TIENES AL LADO».

CASI AMANECÍA CUANDO TODA LA ALAMEDA
ME APLAUDIÓ, CUANDO MORDÍA
MÁS AL SUR DE SU CADERA,
Y AHÍ ME VINE TAN ARRIBA
QUE PEDIMOS CAMA Y DOS MIL HORAS MÁS.

PERO AL LLEGAR EL DÍA
(EL DÍA SIGUIENTE ME REFIERO),
NI SIQUIERA UN «TE QUIERO» EN LA PARED.
ERA LO QUE TEMÍA, TAL VEZ TODO FUERA UN SUEÑO,
BAJÉ CORRIENDO DESNUDO Y SIN FE.

HUBIERA GRITADO SU NOMBRE PERO NO LO DIJO.
HUBIERA DADO TODO ESTA VEZ.
PERO AL LLEGAR EL DÍA, AL DÍA SIGUIENTE
NO HABÍA RUIDO
Y EN VEZ DE LLORARLA ME CALLÉ.

AUNQUE NO QUEDE DE PASO
CADA VEZ QUE BAJO A CANTAR
VUELVO AL SITIO DONDE LA ENCONTRÉ.
UNA VEZ EN MARZO CREÍ QUE ERA ELLA Y ME VI
PERSIGUIENDO A UNA EXTRAÑA Y LLORÉ
CUANDO DIO LA VUELTA.

POR ESO SI VEIS QUE LLUEVE EN SEVILLA
ES QUE ESTOY RECORDANDO SU PIEL.

Si acaso esta historia no fuese del todo cierta,
cuéntenmela cien veces
hasta colgarla en mi cuello.

Cuánto se me antoja el sur desde aquella vez primera.
Hay barcos que cruzan a medias la nada, astros que salvan la duda y venta de amor ambulante en la culpa ardiente de la noche. Y en un lugar preciso, una vez, ella y yo.
Mientras haya rocío en Sevilla habrá un *nosotros.*

El tren que me llevaba al sur llegaba con demasiada muerte, cansado de *amantes cobardes que ya no esperan.* Recuerdo cuando se podía llegar hasta la delirante puerta de la despedida, cuando aún permitían acariciar el llanto familiar. *Se ha perdido el romanticismo de los andenes.* Los hombres caminan tristes sin haberse siquiera despedido. Ya ni a uno le dejan llorar a gusto.

Creo que al revisor le resultó cercana mi manera de hablar, tal vez viniera de lejos. Llegó a mirarme como a una fotografía añeja.

Una dama a mi lado predijo la lluvia sonriéndole a un inclemente sol. Quién iba a creerla... Aquella mujer hablaba con el trueque de las rosas y los libros. *Quería olvidar un sabor en el sabor mío* y al besarla su sonrojo inmortalizó un verano de dos horas. A una parada de distancia bajó el telón de la suerte y salió del vagón *como el que persigue un sueño.*

Esa noche cantaba al milagro de un abril a mediados de otoño.

Aguardaban en el hotel los lirios, todo cuanto la tierra pudo brindarme. Entre naranjos *aprendí de soledades y crecí.* De entre mil colores sentí su voz saliente, aquel delirio de palmas, de tacones y fruta sedienta del arte de su mejilla, turistas derrotados ante sus lunares. Así fue como ardió mi futuro; todos sus espectadores sabíamos que era más que una mujer, todos le hicimos el amor en la farsa de otro gemido, todos creímos que nos sonreía en exclusiva.

Traficó cuanto pudo con su belleza.

Entre ella y la tierra no había perdón, entre mi mutismo y su danza, García Lorca.

Hay esquinas que cruzas para siempre. El sur no estaba allí antes de ella.

Perdí el habla y el tiempo. *A quién iba a importarle mi canto de magma aquella noche.*

La lluvia llegó a mis ojos cerrados antes de lo previsto. Velázquez difuminaba su huida, la gente gritaba a su paso *como si hubieran cedido los pies al deseo.*

Se me había perdido una mujer entre gotas celosas. Cuántas generaciones me pasarían hasta encontrarla.

Caminé siguiendo la gloria de su acento entre callejas. Esa lluvia suya te hacía creer que eras el primero en oír su protocolario estallido contra las últimas luces encendidas.

Había marcado en el libro de su vientre un modo de hacerme hombre.

Aquel amor guardaba un postrero primer beso, y el flamenco lo sabía.

Y en el bar último de aquella pena, el último donde quedaba un lamento, se me abrieron la puerta y la herida; el destino quiso que no acabara la noche y ahí me dejó para siempre. *Temo que el día reclame su memoria.*

La que servía era ella; quien escribía, mi canto, y no quedó un solo lugar en la noche por describir nuestro cruce de lenguas.

Acicalé mi voz y mis ganas para hablarle pero ella llegó primero, me dijo que no me fuera, que cerraría en un rato; hay ratos que la entrepierna no sabe disimular. Nuestras miradas se encontraban en los surcos de las otras mientras ella salvaba a más náufragos en el mar abierto del vino. Nunca antes en la vida había deseado el cierre de un bar. Aquel espacio exclusivo encontró su propio lenguaje sin fisuras.

Mis pulmones no habrían perdonado perderla.

Distanció celestialmente su eros de terciopelo con mis *ansias de pianista,* cerró la puerta por dentro y en un húmedo abrazo no intervino el perdón.

Ni Triana se atrevió a cruzar el duende de su mirada, únicos nómadas ambulantes de algún presente perfecto.

Una prostituta desvelada que venía a por tabaco supo que ya era tarde para llamar a la celeste puerta de la suerte.

La primera vez que bailó para mí fue bajo una torre dorada que brillaba por ella. A la segunda, la noche pidió a la aurora otra más para contarlo.

Y al llegar al cuarto la luna se hizo gitana. Desnudos no fuimos iguales y hubo derrame y derrota.

Habría dado lo que fuera por que vierais, a la mañana siguiente, aquella imagen dantesca de mi cuerpo desnudo corriendo ávido de saber su nombre para gritarlo.

Ahora quién me quita lo bailado.

CODA

Tu corazón sin barreras

tan desnudo y formidable

pedia amores de sable

al ataque y sin frontreras.

Y rendiste tus banderas

y en tus cuarteles de invierno

pagas ahora el infierno

amargo de tu osadía.

Tu corazón no sabía

de ese sinsabor eterno.

Javier Ruibal

Tengo 26

POR DERECHO TENGO EL LADO BUENO DE TU ESPALDA,
SUELO ESTAR DESAFINADO ENTRE LA GENTE.
VIAJO MÁS DE LO QUE DEBO,
DEBERÍA BEBER MENOS.
POR FAVOR, AÚN NO TE VISTAS, NO TE VAYAS.

POR AMOR DEJÉ A MI HERMANO CON MI HERMANA,
POR LA INFANCIA SÉ LO QUE ES FELICIDAD.
UNA NOCHE VI UNA LUNA QUE MIRABA
Y BAILAMOS EN SECRETO SOBRE EL MAR.

TENGO 26, SOY FELIZ ASÍ.
TENGO TRES AMIGOS, DOS HERMANOS, NADA SUELTO.
NO SÉ QUÉ DECIR, NUNCA CREÍ EN DIOS,
SOY FRUTO DE UN CUENTO QUE ESCRIBIÓ MI PADRE,
MI MADRE LO CANTÓ.

POR LOS LIBROS QUE SOSTUVE ME MANTENGO,
LLEVO CON LA VOZ UN ACENTO DE SAL.
HE LLORADO CON UN BESO NO ROBADO,
POR REMAR JUNTO A MI PADRE SOY VERDAD.

EN ESTA VIDA VI SALIR DEL AGUA A MIL DELFINES,
REZAR A DIOSES QUE NO EXISTEN PERO MATAN A GENTE.
FUI CON LA GUITARRA HASTA MADRID,
ECHÉ DE MENOS A MIS PADRES,
ECHÉ DE MÁS ALGUNOS BARES,
VIVÍ FELIZ.

MIS CANCIONES HAN VIAJADO MÁS QUE YO,
HAN BESADO MÁS QUE YO,
SONARÁN CUANDO YO NO.

NUNCA ME HA FALTADO NADA,
EL AMOR FUE MI CASA Y MI COLCHÓN,
UNA PLAYA ENAMORADA.

HE APRENDIDO A PERDER,
HE VISTO LA LUNA EN MONTMARTRE,
HE VISTO A UNA NIÑA QUE ES MADRE,
HE VISTO A UN HOMBRE QUE ES MUJER.

ME ALEJÉ SIN QUERER,
ME HE VISTO MUERTO EN UN LAVABO,
POR LA CORRIENTE ARRASTRADO,
SIN SABERLO ME ALEJÉ.

HE VISTO CÓMO AL LLOVER
CASI A DIARIO NACE UN VERDE,
SOBRE EL ASFALTO HE VISTO GENTE
QUE HA CAÍDO POR VOLAR.
HE OÍDO CANTAR A MI MADRE
CUANDO YO AÚN NO PODÍA.

TENGO 26, SOY FELIZ ASÍ.
TENGO TRES AMIGOS, DOS HERMANOS, NADA SUELTO.
NO SÉ QUÉ DECIR, NUNCA CREÍ EN DIOS,
SOY FRUTO DE UN CUENTO QUE ESCRIBIÓ MI PADRE,
QUE MI MADRE LO CANTÓ.
TENGO 26 AÑOS
Y A VIVIR.

Me ardía el pecho aquellos días. Despertaba como un reo en el pesado desfile del centro de las ciudades, sin embargo amaba el día que vendría a la jornada siguiente: viajaría en aquel barco lento que tardaba las horas que quisieras entre la isla de Tenerife y la de Gran Canaria.

Una de las peores injusticias, la de que uno no pueda ya ni sentarse a cantarle al ilimitado aforo del mar. Reniego de la impermeable angustia del flotante acero, una vez bebí aquel libre aire matinal y reivindico su memoria. Ya no se respeta el noble olmo de la vejez.

Alguien me dijo que descubría aquellos viajes como un condenado a muerte contempla el cielo por última vez. Deseaba ser mecido en su lento regazo de madre. En aquellos días creía que el mundo, tras ese océano, era una jaula de pizarra negra donde *la piedad quebraba la palabra con su oscura lanza.*

A mis veintiséis años detestaba profundamente dormir, no había fracaso igual ante tanta *sed de supervivencia.* Me resistía a dejar pasar las horas sin amar del mismo modo que los amantes odian la arena de su reloj. *No soportaba el peso de la gruesa soga de ley con la que algunos visten.* Vivía en la fiereza constante de aquel al que no le dejan volver al vientre de su madre.

¿Sueños?

Me preguntan si soñaba
y aún estoy subido a alguno.

No conocía resaca, aún no sé si eso fue suerte o condena. Antes de marcharme a la capital algún compañero del norte me advirtió del peligro de sus sombras. A los días de mi llegada advertían a los bares de mi paso.

No se puede despojar a la libertad de su memoria.

Antes de zarpar aquella mañana ya estaba atrincherado en cubierta con mi vieja guitarra, una mochila repleta de cervezas y la misma ropa de siempre. *Habría defendido aquel botín hasta perder la palabra.*

Aquel duelo entre las olas y mi voz siempre comenzaba con *Marinero*, una canción que escribí en homenaje a Ramón Sampedro. En su segunda estrofa apareció él.

Traía un gorrión en la sonrisa y un dinosaurio en cada mano. Cabía en la funda de mi guitarra. Lo primero que le propuse fue compañía para recorrer el mundo. «Mi madre no me deja», respondió; exigió una canción y se sentó a mi lado para siempre. *No era a mí a quien buscaba el cielo.*

Jamás había visto tan de cerca *el esquivo miedo azul de la inocencia.*

Dijo que se llamaba Carlos y que mi voz no era mágica, pues ningún pez había salido a aplaudirme con ojos abiertos, convirtiendo mi ego en algodón. Entonó su canción flotante, se rio en la cara de mi pelo y no paró de preguntar por el regreso impertinente de las olas.

Le estaba gustando *Salir*, de Extremoduro. No lo dijo pero se sabe cuándo un ángel reclama algo vivo en el pentagrama y ahí, en un compás cualquiera, salieron por fin; miles de delfines hablando nuestro idioma, sublimes, indemnes. Nadie más se percató de aquello, la gente se limitó a seguir el guion de su tristeza ante aquel *desfile de justicia.*

Jugaron con nosotros hasta agotarse, se daban el relevo en sus profundidades. Carlos los acariciaba gritando «vuelve» y *una lágrima blanca brotó de mi frente.*

Casi llegando me habló de su miedo al cielo. Me dijo que el cielo no era amigo por llevarse prestada a su abuela hacía unos días. Aún no había vuelto. Cada noche antes de dormir la llamaba desde la ventana, gritaba su nombre implorándole que eran ya demasiados días. Que volviera, *por favor,* de una vez.

La madre interrumpió su historia. Los dos tratamos de convencerla de más tiempo. Negó para siempre aquel premio de vida.

No hubo pausa más hermosa que su abrazo.

Aquella mujer no creyó a dos hombres llorando el nombre propio de la amistad.

Unas horas más tarde canté para cuatro personas en un local de Las Palmas de Gran Canaria. Con lo ganado más un disco pagué el licor de los vencidos.

Ojalá hubiera podido compartirlo con alguien.

Luego me despertaron dos hombres vestidos de ambulancia; estaba abrazado a la taza del váter cubierto de mi propia sangre. Supe que aquel hombre vio la muerte de cerca, pues *nadie blanquea su rostro si no es por la más vil sonrisa.*

Afirman que en el trayecto supliqué que no le contaran nada a Carlos y que no supe decir quién era.

Me dejaron dormir un poco, lo que duran no más de seis credos, y me fui de allí con el amor resucitado y un dinosaurio en el bolsillo.

CODA

Tu juventud pintada es mi juventud pintada,

tus 26 fueron mis 26.

Yo también estuve desafinado entre la gente,

sin nada suelto hasta bien cumplidos los 30.

También me mantengo por los libros que sostuve,

y también me pasé años suplicándole

a personas que no se vistieran y se fueran.

Yo no vi un muerto en un lavabo,

pero vi a alguien dejando de respirar en un callejón solitario.

Yo remé junto a mi madre.

Yo también he aprendido a perder.

Yo he visto a hombres que son mujeres,

y he querido a mujeres que son hombres.

Por la infancia también conozco la verdadera felicidad

y me subí sobre el mar,

aunque a duras penas pude bailar en secreto sobre él.

Yo tampoco creí nunca en Dios.

Y esa corriente sigue arrastrándome aún hasta el día de hoy.

En mi caso mi madre es la que escribió el cuento,

y fue mi padre quien intentó cantarlo.

Los dos viajando hasta Madrid,

tú con tu guitarra y yo con mis rimas.

Viviendo felices, los dos viendo la luna,

tú en Montmartre y yo en Palermo.

Por supuesto mis canciones

también han sido mucho más grandes que yo,

y el amor fue refugio, almohada y armadura,

aunque en mi caso a veces sí que faltó.

También escuché recitar a mi madre

cuando aún yo no sabía.

Yo tuve tres amigos, siete hermanos y nada suelto.

Por eso, querido Andrés,

tu canción también es mi canción.

Porque tus 26 fueron mis 26,

porque tu juventud pintada es mi juventud pintada.

Nach

Sin saber decir

UNA LUZ QUE POSÉ EN TU PELO,
QUE REGUÉ PRIMERO ANTES DEL SOL.
AMOR, SIN LUZ NO SÉ VIVIR.
SIN ESE SOL QUÉ SERÁ EL JARDÍN,
SIN NOSOTROS DOS LLORA EL MES DE ABRIL.
LATE, CORAZÓN, QUE HOY HA DE VENIR...

Y ASÍ PASARÁ ESTE AMOR, SIN SABER DECIR «LATE CORAZÓN».
TIEMBLA COMO YO LO HICE PARA TI.
PASARÁ ESTE AMOR, VOLVERÁ OTRO ABRIL.
YO TE ABRIGARÉ SIN SABER DECIR
«YA SE MARCHA EL SOL».

UN ROSAL QUE PLANTÉ SIN MIEDO,
QUE PRENDIDO AL TIEMPO HA DE VIVIR,
SERÁ FELIZ SI HA DE MIRAR
SU LATIR QUE HOY LLORANDO ESTÁ.
RIÉGALO POR MÍ, SIENTE SU PENAR.
CUIDARÁ DE TI EN MI SOLEDAD.

Y ASÍ PASARÁ ESTE AMOR, SIN SABER DECIR «LATE CORAZÓN».
TIEMBLA COMO YO LO HICE PARA TI.
PASARÁ ESTE AMOR, VOLVERÁ OTRO ABRIL.
YO TE ABRIGARÉ SIN SABER DECIR
«YA SE MARCHA EL SOL».

Son las siete de la mañana en esta habitación redonda en lo alto de un faro envuelto en mar.

Me ahogo cada vez que te falta el agua, cada vez que te miro así, como ahora, dormida en tu perfil infinito de mimbre. Las aves, tras los cristales, sueñan tu vuelo mientras posas tus dedos en el crayón de la almohada.

A quién no se le derrama el café ante tanta verdad.

En este ventanal circular entra una luz sincera de carta: no volveré a ser libre jamás si todo mi pasado, este de las páginas acaecidas, ya no importa. *Ya no envidio el fantasmal amor eterno.* Ninguna carta pudiera decir tanto como mi mano relajada sobre tu vientre.

Cada vez me siento más torpe en la voluntad de hacerte mía, como si un poeta recitara claramente en mi oído cada uno de tus gestos.

Hoy le pido al tranvía largo de tus piernas lentitud y es imposible callarme cuando me invitas a una ducha en la calle.

Torpe, te escribo en secreto a diario entre facturas y quejas describiendo tu pecho de plata en un papel de anís. Ya has oído en otras dornas los ecos ruborizados del atardecer.

Temo seguir sintiéndome árbol Benedetti a tu lado si cada vez que sonríes provocas mil incendios. Alguno ha de alcanzarnos pronto. Qué culpa tiene este hotel.

Flaca, cuando parto lejos a cualquier destino, lo único que hay tras aquellas colinas es tu recuerdo.

Llevo el asma de cuando estamos separados y esta presunción de inocencia en la cima de tu pecho. En el momento en que te alejas les salen fronteras a mis brazos y solo en tu regreso se quiebran.

Creí ser original creyéndome el culpable de tu desnudo.

Maldito sea el frío de después de tu sexo. No hay misericordia posible en las galerías de tus pausas.

Me mata no saber del peso de tu coraza cuando te apena el viento en nuestra cama de almendro y pasa, por pasar, el miedo. Me enamoré de una azafata y no quiero aterrizar. ¿Acaso el cielo te sigue escondiendo?

La noche en la que me encontraste buscaba un porqué en la utopía de tu pelo. Era invierno en tu Cataluña. Condenada para siempre, la costa se hizo más brava después de tu partida.

Aquella primera luna sonreía un «ya veremos». Contra todo pronóstico, tu beso durante calles.

Los cables de alta tensión que precedían nuestra despedida de taxi cargaban su ira contra aquel toldo negro. Puede que no fuera la última vez que me incliné al azahar de tu paso pidiéndote amor para siempre como si pudieras garantizarlo.

El culpable, si lo buscas, soy yo por *renegar de la niebla,* por solapar otra vida a la mía como una ola irrespetuosa sobre otra que te busca desesperadamente.

No debieras frenar mi pasión primera. No debieras hacer llorar a un gallego lejos de casa.

Nunca has oído mi canto al techo cuando apagas la luz y te duermes. Jamás he dejado de hablar de ti, incluso no estando a salvo.

El otro día lloré por vez primera cuando tu pena dijo algo. Los amores pasados que te debo van a mi garganta, nunca al vino rosado que bebes en preguntas. Esos viñedos no hicieron parar mi vida de cuajo. Hoy vibran, sobre tus cuerdas, mis rarezas y abecedarios demandando beso y franqueza, y los dos me los has dado.

Deja ya la carretera, siéntate a mi lado en este banco de madera a pie compartido de acantilado.

Quisiera manchar por siempre contigo el mantel de la desidia.

No he vuelto a suspirar desde un día veintinueve. Cómo puede pesar un archivo en tu escritura.

Alguna noche me desperté solo en una habitación de hotel de extrarradio gritando tu nombre, aún vestido, exhalando «qué me ha pasado». Pasaste tú sin que te oyeran las fronteras, perdonando mi falta de aptitudes para volar. Se están mojando la vista y el ala mientras te escribo. A veces huelo a viejo pidiendo encontrarme a tu lado, y en todo esto sigue transitando el sol como si nada. Hoy brillan las montañas con sus débiles colinas, se hunden para sentirte más cerca.

Has bebido el licor desheredado y rancio de mis pupilas, hasta desacreditar las llamadas de los astros que mi tristeza te tapó. Perdóname, mi bien, por no saber recibir una estrella caída.

Te miro y río en voz alta, sigue durmiendo, amor, recordando el misterioso ritmo del saxofón ronco de tu risa las noches que no dormimos por amarnos. Mi torpe manera de seguir aprovechando cada oportunidad de tirarte a la alfombra y tú, ágil gacela sobre mí, alargando mil noches. En esta sabia retrospectiva reclamo los movimientos de traslación que nos debes a todos.

A veces abro puertas, ventanas y candados para que te vean los vecinos y vuelvan a sentir algo. Tal vez para que me entiendan. A veces le grito al tiempo «átame» y se va riendo y callado.

Qué difícil es ganarse tu mirada entre miles de opciones que brindan los parques.

Ya todos saben que la lluvia es cosa tuya. Deja que hoy te rinda homenaje la redondez de la tierra.

Me abrigo en la sombra que nace de ti cualquier mañana soleada.

No olvidaré mi suerte de único espectador. Ojalá fuera poeta y así sostener tu mirada.

Me está llamando el eco de tu despertar, he de dejar de escribir. No me atreveré a decirte nada de esto. Guardaré estas hojas en la funda de mi guitarra. Te diré «buenos días, vida mía, te quiero» y seguiré el camino prendido de tu mano. Escribiré tus apellidos en este sobre con la tinta prestada de tus labios, certificando este acuse si acaso me faltara la voz.

Te amo con la resina de los árboles que ya he quemado.

Esta vida me llevó hasta ti, no te dejaré morir sola.

Jardín en el laberinto de un sueño, reclamas las páginas más hermosas de un libro en el lago dormido de tu palabra.

Más allá de mis canciones.

CODA

Son las siete menos cinco de la mañana. Estoy en otro sitio, de nuevo, pero no recuerdo cómo se llama: aquí lo único que importa es la nieve que arde como solo puede hacerlo en los poemas.

Alguien debe devolverte el hambre, mi amor,

para ver de nuevo tus manos hermosas

ensuciándose con el barro de las ciudades.

Te veo durmiendo, así como lo haces: boca abajo, inquieto, casi despierto. Adivino los caballos que corren bajo tus párpados. No sé si llegan a algún sitio o solo corren por no huir. ¿Acaso hay diferencia? Imagino tu voz de costa rota preguntándolo en voz alta. No, te respondes, y sonríes, y sigues corriendo, y me miras, y sigues corriendo.

Ojalá nadie te dome, mi vida,

ojalá nadie lo haga nunca

y si lo intenta recuerdes que el paisaje está en tus ojos.

Quiero preguntarte dónde vas, cuál es ese lugar que nadie excepto tú alcanza, mi amor, ese sitio que te habita y al que acudes cuando dejas de comprender el tiempo. Siento que te espera allí tanta nostalgia que te ruego que lo cuides, que guardes la llave que abre tu pecho en un sitio que nadie conozca y nunca, nunca dejes que nadie te prohiba escucharte. Es importante que existas en más de un sitio a la vez.

Hay ruidos que habitan con nosotros,

que se hacen hueco en el silencio,

ruidos a los que nos acostumbramos

y dejamos de escuchar.

Quiero pisar la nieve con mis zapatos y decirte que una huella no es más que el camino de vuelta a casa. Quiero pisarla con tus botas de invierno, llenar mi asfalto de tu verde, convertir todas las carreteras en sitios donde tu otro yo y mi otro tú se encuentren y se reconozcan.

Hay palabras que no necesitan de nosotros,

como ventana, espejo o infierno.

Hay momentos en los que necesito de ti,

cuando rio, cuando cojo aviones, cuando vuelvo a casa.

Vas a despertarte. La tierra tiembla, te espera.

Hay miles de ojos esperando tu voz,

como un abrazo por la espalda.

Hay miles de ojos esperando tu palabra.

La tierra tiembla, mi amor, te espera. Vas a despertarte y pienso en lo que nunca te diré porque no hace falta. Lamo la sábana para que sientas el mar al despertarte. Tú aún no lo sabes, pero mi silencio está detrás de la música. Te acaricio, acuno tus tormentas. Yo te espero. Te despiertas. Te miro y me silencio.

Te amo con el futuro de todos los árboles.

Cuéntame lo que hay más allá de tus canciones.

Elvira Sastre

Todavía más allá de mis canciones

Números cardinales

UNO FUE LA LUNA QUE DEJASTE EN MI COLCHÓN, DOS TUS OJOS.
TRES DE CUATRO BARCOS NAUFRAGARON EN LA FORMA DE TUS MODOS.
CINCO LAS MAÑANAS ESPERANDO A QUE VOLVIERAS DEL TRABAJO.
SEIS CANCIONES LLEVO SIN DEJARTE DE QUERER Y AÚN NO HE ACABADO.

SIETE LOS HOTELES QUE DEJAMOS SIN ALIENTO, Y MENOS SOLOS.
OCHO VINOS DUELEN AL SOÑARTE EQUIVOCADA EN BRAZOS DE OTRO.
NUEVE TECLAS GRISES DE UN PIANO DE PARED DESAFINADO, Y
CINCO DEDOS CON MIS OTROS CINCO TE RECUERDAN DEMASIADO.
CON TODO PARA TI, NADA A MI LADO.

SI QUIERES, TE AYUDO A SUBIR BOLSAS DEL MERCADO.
SI QUIERES, HACEMOS EL VERANO ALGO MÁS LARGO.
SI QUIERES, NOS QUITAMOS LA ROPA Y LEEMOS ALGO,
QUE LA LUNA SIEMPRE LLENA DE TUS BESOS.

ONCE TAXIS LIBRES ENFADADOS, MIENTRAS TÚ Y YO DE LA MANO.
DOCE LOS RECLUTAS QUE PASARON POR TU CAMPO CONCENTRADO.
TRECE, BUENA SUERTE SI ES QUE PASAS SIN MALETAS POR MI BARRIO
Y PUEDE QUE EL CATORCE DE FEBRERO SE NOS JUNTE CON LOS LABIOS.
CON TODO PARA TI, NADA A MI LADO.

SI QUIERES, TODA CANCIÓN DE AMOR LLEVA TU NOMBRE.
SI QUIERES, DECIMOS A SABINA QUE NOS NOMBRE.
SI QUIERES, BUSCAMOS EN EL CIELO MÁS RAZONES.
QUE LA LUNA ES NIÑA QUE JUEGA Y SE ESCONDE.

SI QUIERES...

Se me cae la cara de vergüenza situando el capítulo en aquellos años de estudiante de Magisterio Musical. Matriculado en Santiago, eso sí. Es probable que lo siga estando y esta sea la carrera más larga jamás conocida.

Imagíname enamorado, como todos, de la camarera más hermosa de uno de los bares donde cantaba cada noche. Te pasaría lo mismo si la vieras, a ti y a cualquier viviente que por allí pasase, pero yo sufro más porque soy cantautor. Y me quedo igual al decirlo, qué te parece...

Como cada madrugada, posconcierto, intentaba convencerla de una fuga a Brasil con poco dinero, una cabaña en una playa o algo así que no me acuerdo, de recoger frutos y leña, y volver Navidades alternas. No terminaba de verlo.

Yo tenía diecinueve años y ganaba treinta euros más propina por noche cantando cuatro horas y media de versiones. Si ella me pedía una canción y no la conocía, me la inventaba, lo que hiciera falta por verla sonreír en el lado de la barra en el que no quedan sueños.

Años enamorado perdidamente de la mujer más guapa que cualquiera, mientras veía cómo se reía con otro, besaba a otro, me lo contaba a mí.

Jamás desistí. Sabía que en algún momento de mis ya veintiséis abriría los ojos y nos casaríamos en el karaoke de la Illa de Arousa.

Una noche, a las once de la mañana en el Maycar —el mejor after para los que llevamos más de veinte años bajo la lluvia—, vino hacia mí, lo juro:

—Esta noche es tuya.

—Este día, querrás decir.

—La noche de este día, si te lo curras.

—Qué tengo que hacer.

—Dime por qué debería estar contigo.

En unas servilletas del antro (las había) y balbuceado a boli (los poetas de cafetería de facultad no salíamos de casa sin pluma), enumeré mis catorce causas, estribillo mediante.

A esa edad vivía con mucha sed y poco sueño, estaba enamorado y Santiago chorreaba hormonas y fracasos. No podía permitirme prescindir de aquel milagro.

Hoy no volvería a justificar el amor a nadie bajo ningún concepto, pero, joder, despertó a mi lado. Qué importa todo lo demás.

CODA

La primera vez que conocí a Andrés Suárez llegó a la entrevista en una furgoneta enorme azul marino. Bajó, se quitó las gafas de sol, entró a la redacción y prendió la luz. Porque él es de esas personas que cuando entran a un lugar iluminan todo con su magnetismo.

Y con una alegría contagiosa.

Aunque eso siempre se cuente menos por la eterna tiranía de la imagen del cantautor melancólico, que aún pesa más si eres gallego y sufres de vez en cuando de morriña.

Bastó un rato de conversación para descubrir que el músico consolidado seguía siendo el mismo chaval que encontró el amor en la playa de Pantín, que vino con veinte años a cantar en el Metro a Madrid, que trabajó incansablemente en orquestas haciendo versiones, que creció en el Libertad 8 con Aute...

Sin trampa ni cartón.

Porque su carrera es sinónimo de autenticidad y coherencia. Y sus canciones, como *Números cardinales*, piezas de artesanía cocinadas a fuego lento. Solo así se puede convertir un acto tan cotidiano como «subir bolsas del mercado» en un verso lleno de belleza.

Andrés es, sobre todo, un músico que te agarra de la pechera y narra lo que sientes con una exactitud pasmosa, obligándote a viajar por las carreteras de tu yo interior, ya sea en furgonetas enormes o en «taxis libres enfadados».

En estos tiempos inciertos, de *rankings*, odio y TikTok, todo lo que representa es un valor en alza. Porque ya pocos artistas son capaces de conectar con lo esencial, lo profundo, lo auténtico... iluminar sin querer nuestra existencia, como hizo él aquel día.

Andrés para mí es cardinal.

Eva Baroja

Hamada

MIRÁNDOME A LOS OJOS
ME DIJO
«NUNCA JAMÁS AMARÉ COMO A TI.
NUNCA JAMÁS BROTARÁ YA DE MÍ TANTO AMOR».

CORTÓ LA FLOR MÁS ALTA DEL JARDÍN,
LE PUSO DÍAS A FEBRERO.
SUPUSO DE SATÉLITES MI PELO.
SOLÍAMOS REÍR.

FIJANDO LA MIRADA, ME HABLÓ
DE CUÁNTO SE PUEDE LLEGAR A SENTIR,
DELIMITÁNDOME EL AMOR.
GANÉ MÁS DE UN MAL VICIO,
PERDÍ TODO A UNA MANO
Y AHORA DEBO
LA SARTA DE MENTIRAS
QUE NO PUEDO
VOLVER A REPETIR.

Y ASÍ SE VA
PERDIENDO MI VOZ,
ANCLADO A LAS PROMESAS
QUE ME HICIERON.

¿Y AHORA QUÉ?,
¿QUÉ FUE DE LO QUE HABÍAMOS
JURADO ENTRELAZADOS,
DEL RAYO COMPARTIDO,
DE TU MEJOR VERANO?
NO BRILLA NUESTRO ANILLO
AL PASO DE TU MANO.

¿Y AHORA QUÉ?,
NEGANDO LAS CANCIONES
QUE BAILAMOS ABRAZADOS,
ROGÁNDOLE AL OLVIDO
QUE PASE TU PASADO,
DICIÉNDOLE A TUS HIJOS
QUE AMAR NO ES PARA TANTO.

QUITÁNDOME LA ESCARCHA PROMETIÓ
CUIDARME HASTA LATIR.
MÁS TARDE SU TELÉFONO SONÓ
Y DEJÓ DE SONREÍR.

MI AMADA FUE CON HACHE,
EN UNA CONSONANTE LA PERDÍ.
ALGUIEN LA ESPERABA EN CASA
Y FUE BASTANTE
CON NO RECORDAR LO QUE LE DI.

¿Y AHORA QUÉ?,
¿QUÉ FUE DE LO QUE HABÍAMOS
JURADO ENTRELAZADOS,
DEL LAGO COMPARTIDO,
DE TU MEJOR VERANO?
NO BRILLA NUESTRO ANILLO
AL PASO DE TU MANO.

    Y AHORA QUÉ,
    NEGANDO LAS CANCIONES
    QUE ESCUCHAMOS ABRAZADOS,
    ROGÁNDOLE AL OLVIDO
    QUE PASE TU PASADO,
    DICIÉNDOLE A TUS HIJOS
    QUE AMAR NO ES PARA TANTO.

AHORA QUE PESA TANTO
NO SABER QUIÉN ERAS,
A QUIÉN JURÉ ESCINDIR FIDELIDAD.

    AHORA QUE DUELE MÁS TU AUSENCIA,
    LA QUIMERA
    DE PREGUNTARLE AL TIEMPO
    CÓMO ESTAS.
    AHORA QUE ENVEJEZCO Y TÚ TE QUEDAS
    TAN IGUAL.

Empiezo a ser mayor, casi viejo. Sin ganas de hacer, por ejemplo, lo que me dé la gana, inicio sesión con el ratón. Hoy me perdonan la contraseña. Personalizo la pena, tecleo y me repito en un día enfermizo.

Luego me siento con la tarde y un otoño novel. Dialogo con un sol plomizo, coincidimos en escepticismo y dolor de rodillas. Sin brillo, dejo que se vaya con el mar; yo, a ningún sitio.

Desde que me separé, mis amigos se empeñan en invitarme a fiestas, en presentarme a gente, en cuidarme la sed como si me hiciera falta empuje, como si pudieran arrancarme de Moraima, que es donde quiero estar. Protestan mis vocales diciéndoles que no, que hoy es el día de los puntos suspensivos.

Si vuelvo a los bares será para firmar mi custodia compartida con la luna, para contarle a mi padre que lo que busca en las canciones de Sabina sucede aquí y ahora, y yo las bebo por él.

Si vuelvo a la noche será para nunca más entrar en la casa por la puerta de atrás sin hacer ruido. Por declamar el triunfo de recuperar mi propio baño.

Dejo que las letras que un día escribí vivan por mí, que hoy no me apetece.

Ahora que el silencio es amigo, me callo. Tan solo se me escapa algún nombre, algún nombre propio que no debería deambular por aquí. Bostezo consonantes con la brisa de una noche cerrada a casi todo, tropiezo con lo que quiero y maldigo. No hay estrellas y todo es previsible, mudo y esquivo. «No te rindas», le digo a mi reflejo.

Antes de dejarme dormir, recuerdo que uno sabe con quién se junta cuando se separa, que hay homofonías que esconden más de un delito, que una hache convirtió a mi amada en un desierto de piedra.

CODA

Cuando uno se acerca al disco de un artista de verdad va buscando esas gemas, esas piedras preciosas en forma de letra o melodía, que le hagan sentir que esa canción ensancha el mundo, que lo vuelve más bello. Andrés, como Robe, como Drexler o Joaquín, es uno de esos artistas que te lanza una frase que te estamparías al instante en una camiseta, porque resume lo que sientes y porque la emoción que provoca es tanta que hay que hacer algo con ella para poder manejarla.

Me acerco al tocadiscos, pongo el vinilo, y, al escuchar *Hamada*, la canción se va abriendo frente a mí. De golpe, acuden a mis oídos esas joyas preciosas de las que os hablo. Letra y melodía forman algo inexplicable. Varios versos me golpean sin discusión. Yo me dejo hacer. Las frases en cuestión:

«Negando las canciones que escuchamos abrazados,

rogándole al olvido que pase tu pasado,

diciéndole a tus hijos que amar no es para tanto».

Y continúa:

«Mi amada fue con hache, en una consonante la perdí.

Alguien la esperaba y fue bastante con no recordar lo que le di».

Opinen ustedes. ¿Estamos frente a piedras preciosas o ante un artista del montón? La respuesta está muy clara. Andrés es un maestro a la hora de poner palabras a los sentimientos que nos desconciertan. Emociona como pocos y lo hace de las tres mejores maneras: con unas letras fuera de lo común, dibujando unas melodías bellísimas y a través de una voz que, a mí personalmente, me lanza a otro planeta. Lo pienso yo, lo piensan los mejores compositores de este país y lo piensas tú que lees esto.

Este es el motivo por el que buscamos canciones como Hamada. Para que nos sacudan, para no morir de realidad, para que sus emociones nos rescaten. Escuchamos canciones porque a veces son capaces de contarnos nuestra vida y nos hacen protagonistas de momentos grandiosos que algunas veces hemos vivido, pero nunca hemos sido capaces de ponerles nombre. Temas como *Hamada*, *320 días* o *Vuelve*, nos sacan del piloto automático a través de la emoción que provocan porque nos reflejan, nos hacen vernos, comprendernos más nítidamente.

Escuchar *Hamada* es como sentarse frente a un fuego. Sientes su calor, y mirándolo hay algo que nunca llegas a entender pero que sientes como trascendente. La voz de Andrés es eso, calor puro, emoción pura, tiene algo inexplicable. Andrés es un superdotado de la emoción. No sé cómo lo hace, pero la alcanza con más facilidad que los demás. Muchos artistas corren tras ella, pero la emoción les resulta esquiva. Con Andrés está perdida, él siempre la lleva consigo. Creo que está enamorada de él. Qué cabrón. Amo sus canciones, y las amo de verdad, sin hache.

Marwan

Todavía puedo oírte

APROVECHEN LA TRISTEZA DE ESTA VOZ HERIDA.
APROVECHEN LA ÚLTIMA HORA DE LA BARRA.
ESTA NOCHE SE HA PERDIDO POR LA MALA VIDA
EN LAS RÍAS ALTAS
UN AMIGO OBSESIONADO CON LAS LIBRERÍAS,
CON LOS CANTOS DE LAS AVES AFINADAS.
UNA DESPEDIDA NUNCA SE IMPROVISA,
SOLO SE ARREBATA.

AMENAZO CON DEJAR EN LA COMISARÍA
MI TRISTEZA Y QUE ESTALLARAN LOS RECUERDOS,
LUEGO NADIE SE REIRÍA.
AMENAZO, EN MI ATENTADO, SU SONRISA.

TODAVÍA PUEDO OÍRTE.
TODAVÍA PUEDO VERTE LA CARA
CADA VEZ MÁS DEMACRADA
UN VERANO EN QUE NO FUISTE
MÁS QUE EL ANSIA DESATADA.

DALE UN BESO A LOS ABUELOS.
LLUÉVENOS DE VEZ EN CUANDO.
MANDA UNA SEÑAL Y UN BESO,
YO SABRÉ INTERPRETARLO.

HE PAGADO EN EL MERCADO
TODA TU DEUDA PENDIENTE
Y HE ESCONDIDO ENTRE LA GENTE
NUESTRO HUMOR DESCABELLADO,
MI MANERA DE QUERERTE.

QUIÉN IBA A DECIRLO,
LE ASUSTABA LA CORRIENTE.
ERA SOLO UN NIÑO
FÆNANDO SIN LAS REDES.

TODAVÍA PUEDO VERTE
DEFENDIÉNDOME DE TODO SIN MIEDO.
QUÉ HABRÍA SIDO DE TU SUERTE
SI LA COSTA DE LA MUERTE
NO LO FUERA TAN ADENTRO...

TODAVÍA PUEDE OÍRSE
CON CERTEZA TU FINAL DE RECREO.
TU MIRAR DE BARRIO VIEJO
NO SE APRENDE EN UNA ESCUELA
NI EN LOS GOLPES QUE TE DIERON.

TODAVÍA PUEDEN VERTE
ABRAZADO A LOS SECRETOS DE PUERTO,
EN LOS VERSOS QUE TE DEBO,
EN LOS GRISES QUE VOLVIERON
A OTROS CON LA MISMA SUERTE.
TODAVÍA LA PALABRA
CALLA MÁS DE LO QUE MUERDE.
TE RECUERDO EN EL LAVABO
Y ME LLORA LA GUITARRA.
CUÁNTO AMOR NO TE HA BASTADO.

El miedo es el lugar donde habita la incerteza, y en mi barrio no había de eso. Mi amigo, corazón de oro y mala suerte.

El público de costa es el que primero llora con esta canción. Parecen saber de qué hablo.

Sentenciados a conocernos, compañeros de pupitre en el colegio público Ferrol Vello. Presumo de haber coincidido con trece almas entre la niebla. De los trece, que yo sepa, quedamos ocho. Algunos entre rejas, otros en el mar.

Se me araña el cántico si no lo nombro. El pasado es enemigo cuando te roba así algo. A menudo me descubro pensando en cómo será nuestro reencuentro de muelle cuando toque.

Cosas de la vida o de la muerte, aquel ser de luz inabarcable había sido marcado como el malo de la clase. Nos grabábamos cintas de Extremoduro que escuchábamos en los recreos. Las cantábamos al unísono rebelándonos contra lo que nos dolía, que era casi todo. Robe, cómplice y tercero de esta pandilla de tres, nos mantenía lejos de las clases.

Venía de todas las ciudades, de todos los colegios, y ni un solo beso en el colirio de sus lágrimas.

Los profesores lo expulsaban por inercia. Conocí el fracaso en la cara de uno de ellos cuando lo acusó sin razón. «Para un día que lo hago bien...», y salió del aula hacia el pasillo como un reo condenado a la soga.

En su cuarto, algo parecido a una litera hecha por él reclamaba paz en el soneto blanco de sus sueños. Una Play y una tele pequeña sin color que le habían dejado los Reyes en febrero porque a su casa los Reyes venían más tarde. La vieja radio, como él, solo funcionaba a golpes, y así creció.

¿Quién abrazó a mi amigo bajo el palio de su paso? Nadie.

Dejamos de ser niños cuando mi madre nos llevó a un concierto de Extremoduro en el barrio de Caranza. Me costó años entender la carcajada de mi vieja entre la humareda. Sobre mis hombros su euforia resonará por siempre; cómo olvidar aquel rescoldo de felicidad de los tres el único día en que mi amigo ganó.

Las malas compañías brotan en los alcores de la inocencia, y cuando un crío comercia con la pálida dama termina consumiéndola. Así, se fue alejando poco a poco. Una madrugada se precipitó desde una ventana para convertirse en nube. De vez en cuando nos llueve y nos saluda.

De esta manera, fundido entre recuerdos blandos, vivo como quien siente el amor recién muerto en los brazos y no lo suelta.

CODA

Tengo ya una edad en la que he perdido para siempre a gente que fue muy importante para mí.

Sin embargo, cuando Andrés me invitó a participar incluyendo aquí unas líneas y me habló de a qué canción le darían paso, vino a mi mente el recuerdo de un amigo al que visité por sorpresa una mañana mientras estaba de paso por Valencia y al que, cuando nos abrazamos al marcharme, supe que sería la última vez que le vería porque él ya estaba muy enfermo.

Y aquel día sentí algo que se me quedó grabado para siempre:

Lo triste no es la muerte de los otros. Lo triste es ver cómo se apagan lentamente, sabiendo que no puedes hacer nada.

Lo único que tú podrás hacer cuando no estén será mantener vivos los recuerdos e intentar no venirte muy abajo cuando, al repasar algunos, descubras que la única figura que todavía queda con vida de aquel día eres tú.

Quizá, mientras estamos vivos, nuestra misión en la vida simplemente sea esa:

Mantener vivos los recuerdos.

Mi gran duda es:

¿Qué pasará cuando no quede nadie para recordar aquel momento?

¿De verdad se borrará ya para siempre?

¿De verdad no hay un rincón en algún sitio donde todo quede almacenado y, quizá, dentro de cientos de millones de años, algo o alguien abra una puta puerta y salgan disparados todos los recuerdos que creamos todos y cada uno de nosotros mientras estuvimos vivos?

¿De verdad no existe ese rincón?

Yo necesito creer que sí.

Y mientras nadie venga y me demuestre lo contrario, te sugiero hacer lo mismo:

Creer que existe ese rincón y no dejar de crear recuerdos para que, cuando se abra ese cuartito, quien esté frente a la puerta no pueda evitar sentir envidia de quienes estuvimos antes y exprimimos al máximo esta extraña aventura de estar vivos.

Más que nada porque no todos tenemos el talento de componer canciones que sirvan para decirles a quienes ya no están aquí: «¡Ey! Que sepas que todavía puedo oírte».

Ángel Martín

Necesitaba un vals para olvidarte

ESTA ES LA ÚLTIMA CANCIÓN QUE VOY A REGALARTE,
CUANDO ACABE PARA SIEMPRE YA NO ESTARÉ AQUÍ.
NO FUI FELIZ
DESDE EL DÍA QUE DEJASTE TODO POR AQUEL CURSILLO
INTENSIVO Y FALTO DE CARIÑO, COMO TU NIÑEZ.
TODO AL REVÉS.

FUISTE PARA MÍ LO PRIMERO,
YO ERA PARA TI UN SEXTETO DE CUERDAS DESAFINADAS,
LLANTOS EN LA MADRUGADA.
NO FUE AMOR, NO ES AMOR, NO LO QUIERO.

TIENES 24 AÑOS,
DEMASIADA PLATA,
TIENES UN ABRAZO
QUE NO ABRAZA NADA
Y, AUNQUE NO LO ENTIENDAS, ME OLVIDÉ DE TI.

ADIÓS, AMOR.
NO VUELVAS A TOCARME LA PIEL.
AMOR, NO VUELVAS A TOCARME LA PIEL.

SI MIRARAS MENOS AL ESPEJO
CUANDO ESTÁS HABLANDO CON ALGUIEN DELANTE,
SI NO FUERA ERRANTE TODA ESA BELLEZA
QUE NO ES NADA MÁS QUE UN VENDAVAL
QUE YA SE ALEJA.
SI, DE VIEJA EN ESE ESPEJO, LLORAS,
NO TE ARREPIENTAS.

NO TE ARREPIENTAS DE TU MALDAD,
QUE ES INCONSCIENTE COMO EL AGUA DEL MAR,
COMO SAL QUE SE VIERTE EN LA HERIDA AL CURAR,
COMO LOCOS QUE QUIEREN NO QUERERSE YA MÁS.

NO SOY COMO TÚ,
TE DESEO EL BIEN,
PERO LEJOS.
NO TE OLVIDARÉ.
NO LLAMES Y VUELVAS.
NO VUELVAS Y LLAMES.

ADIÓS, AMOR.
NO VUELVAS A TOCARME LA PIEL, AMOR.
NO VUELVAS A TOCARME LA PIEL.

Érase un frío de Bruselas en la herrumbre de una lengua que no quiero, un vergel de aceras sin graznidos de nubes, la poca luz fabril mientras ella se iba a clase tan temprano. Un mirar presto al cielo rogando autostop de aviones.

El soberbio gesto de la hambruna en calles bajas, el oprobio de la limosna. Cláxones de coches tocando a rebato por mi acera por encima del canto de las alondras.

Aquel mundo oscuro no era precisamente lo que soñaba.

Inventamos el amor el día en que se fue de erasmus. Me hablaba de Brujas y Gante, yo no hablaba sin ella. Cabrillea aún su dedo meñique en mi cuello, en mi espalda, en mi vida. Guardo su caballo dibujado a grano de café en un cuaderno que reza: «Cuando vuelva la marea».

Vivía en la calle del arte, por eso mentía tan bien.

Insistía en que bebía demasiado, al menos eso cuento ahora en los bares. Recuerdo el humo de tabernas riendo por mí, tartas alucinógenas, estudiantes ebrios de cerveza con la graduación de sus piernas.

Recuerdo, maldita sea, escribirme el amor en las manos para no olvidarlo al día siguiente.

Desde que no nos vemos no tengo manos, tampoco memoria.

Cuando uno se enamora por primera vez y no es correspondido, más con esta intensidad que calzo, conviene la comicidad del silencio, sonreírle a la pléyade de turistas como si no hubieras sido derrotado. Seguir sentado en la última fila del aula de los fracasos. Pasar desapercibido.

Fuimos dos niños sin dejar de discutir. «Tiene en su residencia sauna y piscina, en mi pensión dos cubetas para mojarme la vida», sonaba Juan Luis Guerra. Ella venía de un mundo de plata. La plata de mi infancia en el muelle de Ferrol servía para otra cosa.

Con los años ya no resuenan las broncas, prefiero recordar las reconciliaciones en horizontal, insomnio de vecinos. Si nosotros no dormíamos, la capital de Europa tampoco.

No todo fue malo. Una mañana fui el único espectador de su ducha. Me cantó *Salitre* de Quique González y luego se secó en mi piel. Eso no se olvida.

Una noche, la última juntos, aunque ella no lo sabía, me dibujó un mapa para llegar a su universidad: un metro, dos buses, no sé cuántos tulipanes a la derecha. Me pidió que la recogiera de clase como lo hacen las parejas de verdad.

Aquella sería la última vez que nuestras pieles se rozaran. Ese era mi plan. Desaparecer. Alargar aquel amor no correspondido sería una muerte lenta, agónica y silente. Demasiado joven, bella y radiante de vida como para seguir entorpeciéndole el vuelo.

Me besó con prisa, llegaba tarde: «Te veo luego, sabrás llegar, lo sé». Debe de ser un privilegio verla entrar en clase. Qué bien se respira cuando aparece.

Con la herida de su ausencia me vestí armado de aquel mutismo. Repasé por última vez el cuarto, las plantas, sus fotos nunca conmigo.

Sigilosamente me hice amigo del horizonte. Me colé en el metro y en la tristeza, y llegué, pero al aeropuerto.

Sientan bien la ira, la rabia, la incomprensión y la impotencia en las canciones. A mí, no tanto. Pasados los años ese dolor se troncó en paz al pensarla, aire que se instala en mi cuerpo por ella.

Hoy pido disculpas si erré al dejar en su cuarto un vals en *repeat* en lugar de mi cuerpo. Una rosa y un papel con algo escrito al lado de su juego de llaves, sobre la mesa.

Dicen mis canciones que hoy reside en Canarias, que es tan madre y libre como soñó. Todo lo bueno que le pase es poco.

Mi voz es un vals azul de recuerdo y olvido ahora que el sol ya no se pone en su pelo.

CODA

«El desamor es torpe, ridículo, monumentalmente exagerado. Pero duele, ¡cómo duele!». Y añade Rosa Montero en su libro *La ridícula idea de no volver a verte:* «Sufrir de mal de amores es como marearse en un barco; a la gente tu estado le parece divertido, pero tú te sientes morir».

Qué real esta comparación. Es imposible salir sin heridas de una historia que se acaba. Hacernos mayores es comprender, entre otras cosas, que somos el resultado de las veces que, cuando nos han roto el corazón, hemos tenido que recomponernos. Tardas unos segundos en enamorarte y a veces años en asumir que no te devolvían igual esa mirada, que él o ella puede vivir sin ti y que no hay ninguna esperanza.

Es en esos momentos cuando miras hacia dentro y acunas tu tristeza con un vals para olvidar(te). Porque tienes frío y quieres arroparte con una tela muy fina, pero la piel te palpita. Y cierras los ojos, te rodeas de personas luminosas, brindas con ellos en Libertad 8 e intentas buscar la belleza.

El desamor duele, sí, ¡cómo duele! Pero cuando empieza a hacerlo menos, todo parece de repente más puro, más brillante. Más prometedor. Su sonrisa aún arañará, pero será solo el recuerdo de que has amado mucho. Y no hay mejor forma de sentirte poderosa que saber que no tienes miedo de volver a naufragar.

Rocío Delgado

Despiértame

YA SE FUE, MALDITA SEA, EL BRILLANTE DE LA LUNA
DECRECIENTE DE LA CUNA DE LA NIÑA QUE ANTES ERAS.
AHORA ENTIENDO LAS MANERAS DE TU EDUCACIÓN TORCIDA,
LA CONDENA DE AFIRMARTE EN TUS MENTIRAS.

DEJA DE CULPAR A TRENES QUE NO PASAN POR TU VÍA.
¿NO SERÁ QUE NO SE PIERDEN, SE RETIRAN?
NUNCA FUISTE LA PERSONA DE TU VIDA, DE LA MÍA.
NO TE HE VISTO SONREÍR NI A LA CARICIA.

SI VUELVO A VERTE, QUE SEA EN UNA FOTO
EN BLANCO Y NEGRO, COMO ERAS TÚ POR DENTRO.
SI ME ARREPIENTO DE HABERTE ECHADO LEJOS,
DESPIÉRTAME.
SI ESCUCHAS ESTO, LE DICES AL DE AL LADO
QUE LA BELLEZA LE ESTÁ AGUARDANDO FUERA.
SI SOLO RESTA EL MÁS DE TU PASADO,
DESPIÉRTAME.

YA SE FUE, BENDITA SEA, EL AMOR PROPIO DE MENOS.
AHORA CREO EN OTROS CUERPOS QUE HACE TIEMPO QUE ME ESPERAN.
CUIDADO CON PRESENTADORAS QUE YA NO PRESENTAN.
CUIDADO, HE CONOCIDO TU PASADO, AY DEL FUTURO QUE TE LLEGA.

DEJA DE PENSAR QUE LOS AVIONES SOLO VUELAN SI TÚ MIRAS.
¿NO SERÁ QUE NO SE ALEJAN, TE ESQUIVAN?

SI VUELVO A VERTE, QUE SEA EN UNA FOTO
EN BLANCO Y NEGRO, COMO ERAS TÚ POR DENTRO.
SI ME ARREPIENTO DE HABERTE ECHADO LEJOS,
DESPIÉRTAME.
SI ESCUCHAS ESTO, LE DICES AL DE AL LADO
QUE LA BELLEZA LE ESTÁ AGUARDANDO FUERA.
SI SOLO RESTA EL MÁS DE TU PASADO...

QUÉ LEJOS DEL AMOR CUALQUIER QUERER
QUE PREFIERE FUMAR A BESAR, A REÍRSE, A MORDER,
A MIRARNOS MIRAR, A ABRAZARTE SU PIEL.

SI VUELVO A VERTE, QUE SEA EN UNA FOTO
EN BLANCO Y NEGRO, COMO ERAS TÚ POR DENTRO.
SI ME ARREPIENTO DE HABERTE ECHADO LEJOS,
DESPIÉRTAME.
SI ESCUCHAS ESTO, LE DICES AL DE AL LADO
QUE LA BELLEZA LE ESTÁ AGUARDANDO FUERA.
SI SOLO RESTA EL MÁS DE TU PASADO,
DESPIÉRTAME.

YA SE FUE, MALDITA SEA,
EL BRILLANTE DE MI LUNA A OTRO ABRAZO.

El ocho de julio del peor año, mi amiga y su pareja pernoctaban en la casa de los padres de ella.

Mi colega necesita pastillas para dormir, de ahí a caer rendida como lo hace. Se tumbó acompañada a eso de las diez para ver una serie mientras la dosis le hacía efecto.

Antes de conminarse a Morfeo, se juraron seguir intentando ser padres, defender su historia de amor por encima de las rutinas. Una vejez de cine perfecto. «Te amo, cariño, descansa», cree mi comadre que fue lo último que escuchó.

Daban las agujas del reloj la una y media de la madrugada del nueve de julio cuando, a una pared de distancia de sus suegros, él encendió la luz, situó el teléfono de su amor justo delante de su rostro, desbloqueó su intimidad y procedió a otear durante cuatro horas su pasado, sus secretos, su memoria.

Presa de la balada de gritos que son los celos, decidió entonces qué guardarse o no de ese tesoro que todos portamos llamado privacidad.

Me imagino la vigilia de un paisaje gallego suspirando ante tanta muerte, ascenso doloroso a un solitario cielo. Los lirios volviéndose papel mojado, los ladridos amargos y ciegos, el fin de las transgresiones. Horribles los llantos en un jirón de noche oscura.

Ella se despertó a las siete de la mañana en la misma habitación que ese a quien llamaba su mitad con el doble dolor del tiempo perdido a su lado, preguntándose por qué la batería agonizaba y el celular caliente, por qué el desvelo de su bluetooth y por qué el olor a podrido en el aire. Por qué la cama de reptiles, por qué la ceniza de sus manos sobre su cuello. En una dentellada de sol, acaso infierno, soportó por última vez su vulgar apariencia, su mirada cobarde.

Hermana, aunque ahora no lo veas, alguna fuerza divina te ha salvado de un sueño del que muchos no regresan.

Despierta.

CODA

El poeta canta y busca reminiscencias y existencia. Necesita vivir en su trono de aire, sabiendo que el verbo es necesario, como lo es comer cada día. Y el músico viaja con la mente y construye torres de marfil para sobrevivir y seguir lo más indemne posible ante las emociones de torpe recurso. Canta porque en su canto está el camino más recto. Porque consigues caminar si cantas tus acaeceres, si cuentas y esponjas tu alma o lo que quiera que sea que tengamos. También las almas de los que acuden al festín.

Cuando leo y escucho esta canción de Andrés Suárez, pienso que tiene el talento de tañer el día a día, pulsar las cuerdas del tiempo con palabras y notas, y conseguir la cueva-refugio a la que muchos acuden. No es poco. Lo es todo, en los tiempos que corren.

Manolo García

Voy a volver a quererte

TE JURARÉ UNA VIDA NUEVA.
TE LLEVARÉ VOLANDO A CÁDIZ.
SABRÁS DECIR QUE SÍ.

ME HARÁS UN PUZLE CON DOS PIEZAS
DE ROPA INUNDANDO LA ALMOHADA.
LUEGO TE HARÉ REÍR.
HÁBLAME,
VOLVAMOS A ESCRIBIRNOS CON LOS PIES.

VOY A VOLVER A QUERERTE.
VOY A LLENARTE DE NOTAS.
VOY A DEJARTE TRANQUILA,
MI VIDA, AHORA DUERME.

LLEGARÁS TARDE,
QUIZÁ COLOCADA.
HABLAREMOS DE TODO, NOS REIREMOS POR NADA.
SABRÉ BESARTE ESTA VEZ.

Y AL LLEGAR AL PARQUE
HABRÁ UN COMETA LOCO Y UN SOSTÉN VOLANTE.

VOY A VOLVER A ESPERARTE,
AUNQUE NO VUELVAS DEL TODO.
VOY A DROGARTE HASTA QUE OTRO
LLENE TU CUARTO MENGUANTE.

    VOY A VOLVER A QUERERTE.
    VOY A ROGARTE HASTA EL ALBA.
    VOY A DEJARTE INDICADA
    LA ESTRELLA NUESTRA DE SIEMPRE.

¿Qué supondría volver a quererte sin Lima de por medio? País en el que nunca llueve, y aquel día tronó.

Intuimos semitonos donde siempre hubo silencio. Convertimos en risas los gritos, chupitos de sobremesa contra la nostalgia mientras el cóndor pasaba.

Susurros de doctoras aún desvestido. Me hiciste mayor en tu optativa. Dejaste el lujo del silencio a mi alcance.

Quererte de nuevo sería triunfar en batallas de talles que nunca libré. Pisar la hierba mojada de nuestro lenguaje. Marejada de zapatillas por encontrarte otra vez.

Te hiciste la sorprendida en mi norte hasta dormirte abrazada a mis adverbios. De pronto la pasión era un oficio.

Perseguimos las estrellas que no existían. Entendiste que mi amor, a tu lado, flota y me salvaste la vida. Nada como los besos para combatir la monotonía de los lustros.

Presenciamos el juego de una nube y un río. Nos creímos los cuentos del lobo bueno, el payaso alegre y la luna negra.

Le dibujé al mundo tu pulmón en mitad de la plaza de Armas por si se ahogaba. En un silencio te prometí una tacita de plata.

Por amarte así sigo buscándonos en Cádiz y, en lugar de enamorarme de esta azafata del IB4578, te pronuncio y se sonroja el aire. Escribo sentado en pasillo, y un hombre tropieza con mi codo y, sin pretenderlo, retrata tu rostro.

Voy a volver a quererte cada día de mi vida en pasión perenne que nadie entiende, ni siquiera tú.

CODA

Me cuesta mucho hablar —escribir— sobre las canciones de mis amigos. El peso de la amistad me hace no ser imparcial. Pero de lo que no hay duda es de que las canciones de Andrés entran en tu vida con una fuerza arrolladora, y lo hacen quedándose en ella para siempre. *Voy a volver a verte* es mi canción favorita de *Mi pequeña historia*, el disco que más he escuchado de este gallego al que puedo llamar amigo, y los del norte no usamos la palabra amigo a la ligera. Estamos ante una canción redonda, como lo es todo el álbum. El calado de un disco se mide en cuántas canciones de dicha grabación quedan para siempre en el *set list* de cada noche. Y en este maravilloso *Mi pequeña historia* encontramos muchos de los temas que ya son clásicos del repertorio de este ferrolano universal. Tenemos aquí a un Andrés en su mejor versión, entrelazando —como pocos saben— bellas melodías con las palabras más certeras. Cantando de una manera excepcional, volcando el alma en cada una de las esquinas de la canción, sin estridencias. Como si nos cantara al oído y en exclusiva.

El disco con el que descubres a un artista es el que acaba ocupando un lugar privilegiado en tu memoria emocional, y yo descubrí a Andrés con *Mi pequeña historia*. Este cantautor con alma de rockero es mi primo de Ferrol, un compositor excelso y un tipazo del que presumo con orgullo. Andrés, nunca voy a volver a quererte porque nunca dejé de hacerlo.

Rulo

Calella

AY DE MÍ, ESTÁS MÁS BONITA QUE NUNCA ESTA NOCHE.
AY DEL COCHE, LA CINTA EN REPEAT.
LLUÍS LLACH CANTABA, NO HABÍA NADA
MÁS ANIMAL QUE SU MIRADA
QUERIENDO DECIRME «PASA».
MI PECHO SIRVIÓ DE ALMOHADA, NO QUISO DORMIR.
JUAN LUIS RIMABA POR MÍ PALABRAS.
ENTONCES LA OÍ.

NO SABRÉ DECIROS NUNCA
TODO LO QUE FUI A SU LADO.

NO ME VAYAS A OLVIDAR.
CADA FRASE EN TU PASIVA
SE ME FUE VOLVIENDO HOGAR.
CUANDO DIJE «SE HIZO DÍA»
NO QUISISTE TRASNOCHAR.
¿DÓNDE ESTÁS?, NI EN REDES SOCIALES
NI NADIE RECUERDA TU NÚMERO.

«SÉCATE», LE DIJE. RESPONDE «HAZLO TÚ A BESOS».
NO DEJÉ NI GOTA EN SUS PIERNAS.
CONTÉ SUS PECAS, DESPUÉS SUS MIEDOS.
«TENGO QUE MARCHARME, MAÑANA CANTO LEJOS».
«CUÍDATE», Y EL COCHE ARRANCABA.
LA TRAMONTANA NOS DEBE TIEMPO.

UN PENÚLTIMO SILENCIO
BAJO UN ARCO ME DESARMA
EN UNA CASA BLANCA.
MISMA BARCA.
TE RECUERDO.

NO ME VAYAS A OLVIDAR.
GUARDO UNA FOTOGRAFÍA,
MIS DOS MANOS DE TOCAR.
ME DIJISTE «NO SOY MÍA»,
Y YO NO QUISE PROPIEDAD.
¿DÓNDE ESTÁS?, NI EN REDES SOCIALES
NI NADIE RECUERDA...

IRÉ A BUSCARTE UNA MAÑANA GRIS
PARA DECIRTE TODO LO QUE SABES.
NOS CERRARÁN LOS BARES Y A MADRID
LE NACERÁN ACENTOS QUE OLVIDASTE.

IRÉ A BUSCARTE UNA MAÑANA GRIS
SOÑÁNDOME HABANERA AL DESNUDARTE.
ME ATREVERÉ A DECIRTE LO QUE OÍ.
AÚN HABLAN DE LO NUESTRO EN LOS PORTALES.

IRÉ A BUSCARTE UNA MAÑANA AL FIN,
A DEVOLVERTE, UNIDOS, LOS CRISTALES
DEL VASO QUE, AL CAERNOS, NO BEBÍ,
PERO REÍMOS HASTA UNIR LOS MARES.

En las esquinas del olvido habitan nuestros besos y miradas, y no es tan lejos.

Quise no contar a nadie lo que vi en un acto de egoísta enamorado. Cantar su canción me emociona profundamente, pues pretende el imposible de seguir a su lado.

La conocí caminando la arena de su amor, bailarín esquivo de conchas rotas que pedían auxilio a nuestros pies, entre ecos de habaneras en el prodigio de arcos y barcas. Su risa fue primero. Luego, sus pupilas en mis labios, su sonrisa blanca.

Un pentagrama vertical tatuado en su espalda que ralea en mis días.

No hay serenos que nos cierren las puertas del deseo. Punteado grajeo de sus manos en mis teclas en busca del último bar abierto. Besarla por primera vez fue vivir en una canción de Serrat: *Paraules d'amor senzilles i tendres.*

Bailamos descalzos en todas las bodas; ella encofraba el glamour que no tenían.

Hablaba de manera escueta como los buenos libros, prófugo de su acento de harija que aún me mece. Concisa, dijo haber nacido por casualidad y estar tranquila, sin remordimiento de conciencia alguno por haber sido tan mala de niña en las mismas calles empedradas donde me besaba años después.

Pasé desapercibido por el mundo hasta conocerla.

Lo más hermoso no está publicado en las redes. Hay gente que viaja y otra que saca fotos. Por eso no conservo ni una instantánea juntos, prefiero el recuerdo de lo que vieron nuestros ojos, de los gemidos de nuestra única siesta bajo el gorjeo de las aves, celosas.

Me rebelo contra las palabras que chocan en anarquía al recordarla. Nunca tengo suficiente con la libertad, la justicia o la luna llena después de esa noche a su lado.

Aún brindo por su ausencia con desconocidos, sírvame en la copa rota. Bebo por volver a darle las gracias al mesonero que nos sirvió la última ronda a puerta cerrada y lo cambió todo. Que la vida no le cierre más bares. Que ni el tiempo borre dos iniciales de la mesa diez de un bar viejo con muchas caras al fondo que la miraban.

En la plaza de juegos, niños, dejad que las palomas dormiten tranquilas, no vayan a estar soñándola por mí.

Dice José Luis Sastre en *Las frases robadas* que siempre tiene que quedar algo pendiente. Viviré entonces pisando los charcos de la nostalgia, zapatos que anhelan sus pasos por quererla, con la sensación de no tener tiempo para vivir lo que nos faltó.

Ahora estás conmigo, aquí mismo, a mi lado con tu sonrisa de siempre, sin que nadie repare en tu apariencia mientras te amo.

No soy más que el espectro de lo que un día fuimos.

CODA

Calella es un lamento optimista. ¿Puede ser eso? Diría que sí, puede ser y puede cantarse como lo hace Andrés. La canción me impregna de nostalgia al principio y de euforia al final. Son dos canciones en una, así lo siento yo. La primera parte es el recuento de daños que dieron los placeres y sus huellas. La segunda, una clara determinación: va a ir a buscarla. Esto último me hace esbozar una leve sonrisa, un pellizco de felicidad y de esperanza. Hay que luchar por lo bueno, por lo bonito, aunque se trate de un recuerdo.

Me gusta pensar, también, que todo eso tiene como escenario de fondo mi querido Mediterráneo. El mar al que pertenezco y que todo lo explica y todo lo envuelve.

Puestos a pedir, me gustaría saber cómo continua la historia. A lo mejor Andrés se anima y nos lo canta y nos lo cuenta. Lo que pasa es que me encanta que las historias acaben bien.

Andreu Buenafuente

Nuestra generación

DISFRUTA POR ÚLTIMA VEZ DE LA OSA MÁS FLACA MAYOR,
EL MUNDO SE APAGA.
LO FUIMOS MATANDO DE A POCO, «LA CULPA ES DEL SOL»
DIRÁN LOS QUE ACLAMAN
RAZONES VACÍAS, IMBERBES, DESDE SU SALÓN.
Y AGÁRRATE FUERTE,
QUE LLEGA LA CURVA CERRADA
DE ALGUNA INFLACIÓN.

    VALLAS ELECTRIFICÁNDONOS.
    NOCHE, NO ACABES, NO LOS CONTEMPLES AÚN.
    CUÁNDO EL NORTE PREGUNTARÁ AL SUR
    «¿QUÉ TE HACE FALTA? POR AQUÍ SOBRA».

¿QUIÉN NOS VA A DEVOLVER NUESTRA GENERACIÓN?
¿CÓMO VAMOS A DARLES UN FUTURO MEJOR
A LOS HIJOS QUE NO NOS ESCUCHAN GRITAR,
SILENCIANDO SU VOZ?

    JUZGAMOS LA MENDICIDAD QUE NOS BRINDA MONEDA
    A QUIEN DA A CAMBIO DE NADA
    AYUDA EN LA ARENA, SALVANDO UNA VIDA EN EL MAR.

POR UNA PALABRA
NOS VAMOS MATANDO, GITANOS O PAYOS, DA IGUAL,
EL VIENTO NO CAMBIA.
PEDIMOS VERGÜENZA Y RESPETO
SIN IR A VOTAR.

NIÑOS RETRATADOS EN LA GUERRA,
MUERTOS DE HAMBRE MIENTRAS COMEMOS DE MÁS.
IGUALDAD ENTRE EL HOMBRE Y LA MUJER.
SIGLO QUE VIENE,
¿CUÁNTO TE QUEDA?
¿QUIÉN NOS VA A DEVOLVER NUESTRA GENERACIÓN?
¿CÓMO VAMOS A DARLES UN FUTURO MEJOR
A LOS HIJOS QUE NO NOS ESCUCHAN GRITAR
SILENCIANDO SU VOZ?

¿QUIÉN SE QUEJA DE QUÉ? COMO SI FUERAN DOS
LAS MITADES DEL MUNDO DESHELÁNDOSE Y YO
DANDO FUEGO A QUIEN VA, DONDE NO IMPORTARÁS,
DONDE PAGUEN MEJOR.

CUANDO NO QUEDE GAS TE ABRAZARÉ.
EL MALTRATO ANIMAL ACABARÁ TAMBIÉN.
CUANDO NO QUEDE AGUA YO LLOVERÉ POR TI.
SIN IMPORTAR LAS CLASES HABRÁ BALSAS PARA TODOS.
QUE LA ESPECULACIÓN NO SE HAGA INCENDIO
Y NADIE CONDENE DOS VIDAS AMANDO SIN MIEDO.

¿QUIÉN NOS VA A DEVOLVER NUESTRA GENERACIÓN?
¿CÓMO VAMOS A DARLES UN FUTURO MEJOR
A LOS HIJOS QUE NO NOS ESCUCHAN GRITAR
SILENCIANDO SU VOZ?
¿QUIÉN SE QUEJA DE QUÉ? COMO SI FUERAN DOS
LAS MITADES DEL MUNDO DESHELÁNDOSE Y YO
DANDO FUEGO A QUIEN VA, DONDE NO IMPORTARÁS,
DONDE PAGUEN MEJOR.

Hoy me he sentido útil manifestándome en Twitter. Pulsé *post* jugando al póker con mi ira. Ganarle se me antoja extraño. Que tiemblen todos, que este militante de sofá se incorpora.

Somos el anti carpe diem desde que nos cosieron el smartphone a la mano y caminamos abúlicamente por las aceras sin mirarnos en esta suerte de sordera social. —Paro y escribo lo de carpe diem en mis redes, que es de *like* asegurado—.

Diría más, diría que no soy el único idiota y que somos un ejército de guerreros estúpidos cifrando consignas y luchas en esta guerrilla de pantalla y anonimato, inflando pecho después. Juro pactar el silencio de un año si la paz la sella cualquier telediario. Secuestren por mí las imágenes, que, si miro, mi escasa razón me abandona.

Me pregunto entonces, a calle vacía, si esta es nuestra generación: nietos e hijos de gente a la que le partieron la cara mientras defendían los privilegios, las libertades y los derechos que nosotros damos por hechos desde que nacemos.

El vaso de cerveza cuesta cuatro euros en esta trinchera desde la que escribo. No llueve desde hace más de seis meses mientras el sol protesta por algo. El precio de la gasolina tan multiplicado como el del gas. Descarrila el odio, presos de una infoxicación en la que los bulos pesan más que la verdad. Otra mujer ha sido asesinada a manos de su verdugo en su hogar. Sube la hipoteca, vuelve a ganar la banca. Una multinacional despide a un grupo de mujeres de impecable currículum por hacerse mayores. Han apaleado a otro ser humano por su condición sexual. Se nos ha perdido otra estrella. Trozos de metralla caen del cielo cerca de donde escribo. Rostros de niños muriéndose de hambre, imagen de guerra, inundan la pantalla de mi móvil cada mañana, cada tarde, cada noche.

Yo ya cumplí, me digo, después de escribir unas líneas en mis redes sociales. Algo así como «basta», «ya está bien» o «luchemos unidos».

Pero despierto de mi trance y suelto el teléfono y la birra. Entonces, pienso, me despejo, llega la luz. Quiero la mente así de clara para el día que ha de venir. Pago y diseño un nuevo mundo mientras canto, ocupando una acera que ya no se agrieta a mi paso.

Tengo una amante sutil y delicada que se acuesta de puntillas en mi cama. Os la presento: se llama Esperanza. Hoy dormiré con su risa en mis mejillas.

Bienvenida.

CODA

La idea de generación se me hace injusta porque agrupa según los años en que nacieron a gentes que no tienen nada que ver y que luchan, aman u odian por razones distintas e incluso opuestas; y pienso que el año en que se nace no puede ser un criterio para agrupar a nadie y menos aún para juzgarle, que para eso sirve la idea de generación: para reprocharnos lo que unos dejamos de hacer por los otros. En cada generación hay personas admirables y odiosas, revolucionarias y reaccionarias, porque el año en que se nace es un azar, no un motivo.

Ocurre que la generación a la que canta Andrés es otra cosa, o así la entiendo. Lo que hace él es darle una palabra a algo que no la tiene: la relación entre las madres, los padres y sus hijos. Se le suele llamar amor o vínculo, según cómo se sea de frío, pero eso es quedarse corto. Él canta sobre el sentimiento de culpa por todo aquello que te va a quedar por hacer, aunque no dejes nunca de hacer, y por las cosas que hubieras querido cambiar por mucho que no dependieran de ti. Eso es lo que yo escucho cuando le oigo mentar la palabra generación: aquello que no está en nuestra mano.

Él le canta a la aspiración de dejar a nuestros hijos un mundo mejor. Al contraste con la mayor lección que podremos darles: que las aspiraciones más lógicas chocan con la realidad caótica de las cosas. Lloveré por ti, les dice, como si con decirlo bastara. Y, sin embargo, peor sería no hacerlo.

La canción se lamenta de que los hijos no nos oyeron gritar, y me temo que Andrés lleva razón ahí, en que es mala época para los cantautores y que contra las injusticias apenas ya nadie se rebela con música. Si acaso, se postea en las redes sociales para que los desvelos se vuelvan virales y luego se diluyan y se evaporen. Hay tantos tuits que ya casi no quedan himnos. Apenas se hacen canciones que una madre pueda compartir con sus hijos y que puedan recitar juntos cuando, en realidad, en ellas está la idea básica de generación, si es que estaba en alguna parte: en las canciones que cuentan nuestro mundo y que nos descubrimos unos a otros, más allá de la edad.

Que la generación, al cabo, era algo ajeno al tiempo. Era aquello por lo que valia la pena perder la voz, aunque quedase tan fuera de nuestro alcance. Porque sabiamos que a la lluvia no se la podia domesticar y, en cambio, lloveríamos por ellos una y mil veces.

José Luis Sastre

Perdón por los bailes

EL HOTEL NO ESTÁ TAN MAL COMO PENSABA,
HAY DISPAROS ENTRE UN ÁRBOL
Y UNA RÁFAGA DE VIENTO EN LA VENTANA.
EN LA CALLE, UN NIÑO ROBA A UN INDIGENTE
QUE SE ESCONDE DE LA GENTE,
POR VERGÜENZA NO LEVANTA LA MIRADA.
Y UNA PUTA ME SONRÍE,
LE HAGO GRACIA.

LE TIRÉ LA FLOR QUE ADORNA LA BAÑERA.
ME RECUERDA LA ESCALERA
QUE ME HACÍAS BAJAR
PARA BESARTE EL SEXO.
COMO UNA DROGA CORTADA,
ME ENDURECE TU RECUERDO Y AHÍ ME QUEDO.

VOY A TENER QUE VOLVER A PEDIR
QUE NO ME PASEN LLAMADAS,
YA VES,
NO HAY MÁS QUE UN CUERPO EN EL SUELO
PENSANDO EN TU ALIENTO
QUE EMPIEZA A GEMIR.
VAS A TENER QUE VOLVER
O NO SÉ SI ESTA NOCHE HABRÁ CONCIERTO.

AY, AMOR,
QUE DUELES COMO EL VIENTO, QUE HAY SED
Y EN TODO ESTE DESIERTO
NO VES
QUE SE ME ABRE LA BOCA.
AY, AMOR,
CARGADO DE RECUERDO
EN LA LUZ
QUE AMANECE DICIENDO
QUE TÚ
SONRÍES MÁS AHORA.

HAY UNA MUJER MALDITA
QUE ME HABLA DE TI EN EL BACKSTAGE
UN ROCANROL
EN LA FOTOGRAFÍA A MEDIAS.

HAY UN HOTEL
CON UN NIÑO CABRÓN,
UN MENDIGO ROBADO,
UNA DAMA A MI LADO
QUE VINO A COBRARME EL AMOR,
A PEDIRME PERDÓN POR LOS BAILES.

QUE VINO A MATARTE.
QUE VINO A MATARTE.
QUE VINO A ROBARTE LA VOZ.
QUE EN LA CALLE SONRIÓ A TUS VERDADES.
QUE SUBIÓ A BRINDARME EL CALOR
QUE TU CUERPO NO DIO.

Y SI NO QUIERES VENIR
NO HABRÁ CHARCO DE SANGRE,
NI LUEGO LLEGUE EL DESASTRE
DE TOCARME SOLO,
NI MÁS CANCIONES COBARDES,
NI RAMOS DE ESCOMBROS.

Y SI TE QUIERES VENIR,
TRÁETE UNA COPA DE VINO,
UNA SONRISA AL CARMÍN,
UN MALECÓN DE SUSPIROS.
Y SI TE QUIERES VENIR,
TRÁETE UNA COPA DE VINO.
HAY UNA MUJER MALDITA
QUE ME HABLA DE TI EN EL BACKSTAGE
Y UN ROCANROL A MEDIAS.

VUELVO A VERTE,
MORENA, ENTRE LA GENTE.
TAN GUAPA COMO SIEMPRE,
PERO AHORA EN LOS HOTELES
MUERDO OTRA ROPA INTERIOR.
VUELVO A VERTE,
SONRIENDO EN LOS ANDENES.
TAPÁNDOME LA LUNA
Y NUNCA LA DEL COCHE,
CALLANDO ESTE DERROCHE,
GRITANDO «YO O NINGUNA».

En aquellos días me llamaban optimista por mentar mi futuro. «Estás igual», decía mi reflejo a los cristales de los afters. De día no dormía y de noche no había sueños. Escribía canciones borracho y cobarde, dejando que las palabras llanas saltasen de alguna terraza por mí. Mis años se contaban en muerte.

Los auditorios donde cantaba estaban llenos. Yo, perdidamente vacío. Marchitaba las flores en los árboles que tocaba. Había perdido la frescura. ¿Acaso hay algo peor?

En mitad de aquel cansancio la conocí. Supe que subiría por ella a los verbos que quisiera, aunque no tuviera fuerza ni para conjugarlos. Iba a intentar, lo juro, hacerla feliz.

La llevé a Galicia tratando de que los faros, las sirenas, las meigas y el aguardiente que arde la amasaran por mí. La entretuve con cantos y leyendas de marineros que tanto parecían gustarle. Le servía mi pobreza, mi manera de adorar aquel paisaje. Era un continente nuevo ante sus ojos, palabras en gallego en su boca por primera vez; qué privilegio. Era la mujer perfecta en el peor momento. Sabía que estaba roto o muerto, qué importa. Que caminaba armado de cólera en un horrible posgrado de vida, que en cualquier habitación de hotel preferiría otra botella a profanar su templo de carne. Llenaba las suites de latas y ansiedad, vaciaba el minibar y su paciencia a la vez.

Su mirada cambió aquella mañana, final del viaje. Aquella chilanga en Ortigueira pronunció, ya era hora, la frase de la herida abierta que monta escaparates en la calle del olvido: «Tenemos que hablar», que en realidad dice «Me tienes que oír».

«No estás para mí, para ti ni para nadie. Ni voy a engullir las perlas de otras ni es mía la grave giba que te doblega. Ay, amor, que ni el viento duele ni tan mal estaba el hotel. Vuelve a la vida, corsario, rema hasta llegar a ver luces de puerto donde no estaré, ni modo».

Sedado en su mirada, me pidió que la dejara en el aeropuerto más cercano. Que la dejara, en general. De esto hace diez años, y yo, rehén de su voluntad, no he vuelto a llamarla. Así como las nubes saben quién falta, sé que nunca dejaré de honrarla en silencio como la cuenca de un río al mar.

Acabo de pedirle a mi editorial que impriman el libro en México, que hagan que caiga en sus manos sagradas. Que alguien le diga que Milanés cantó conmigo su canción, que ya ni duermo ni creo como en ella. Que hay amor.

CODA

Los silencios en una habitación de hotel suenan como arañazos en la pizarra. **Y** de ese estruendo nacen canciones. *Perdón por los bailes* es una de ellas. **Y** es hermosa.

Andrés Suárez es uno de los mejores compositores de su generación, y ha sido capaz de crear, en muy poco tiempo, un universo musical y poético propio. *Perdón por los bailes* pertenece a ese género que tanto hemos cultivado los cantautores sobre habitaciones vacías, sobre ausencias que retumban como pedrada en el cristal, sobre el dolor que supone encontrarse con su recuerdo en otra piel. Se canta a lo que se pierde, decía Machado, y convengamos que el cantautor no sabe perder, es incapaz de renunciar. Escribir canciones es una forma de enfrentarse al olvido. Y, así, Andrés, como siempre, encuentra algo de belleza entre el escombro. Sin la persona amada, la calle se convierte en un lugar sombrío. Porque el desamor duele, y el dolor, a veces, nos miserabiliza, sacando lo mejor y lo peor de nosotros.

Y, aunque sabemos que nadie muere de amor, hay noches en que somos cadáveres andantes buscando en el minibar un trozo de cielo. Los silencios en una habitación de hotel suenan, a veces, como coches estrellándose en la autopista. Pero esto ya lo dijimos.

Hay un hilo carísimo que comunica la sensibilidad de Andrés Suárez y de Pablo Milanés. Su forma de cantar, la de ambos, hace que las canciones adquieran un vuelo diferente, que se vuelvan más luminosas. Su lírica, la de ambos, cuando se trata de hablar del dolor, contiene tanta verdad que quema, como un hierro incandescente, o una llama en la que han de arder muebles viejos, reproches y recuerdos.

Echamos de menos a Pablo y escuchar tanta vida en las voces de ambos, en esta ocasión, resulta algo doloroso. Pero la vida también es eso, como bien cuentan los versos de Andrés. Porque, a pesar de todo, seguiremos llenando nuestras copas de vino, para brindar como entonces; ella seguirá tan hermosa como siempre, y, aunque lejana, sonreirá para ti en cada canción. Seguiremos recordando que, aunque la vida duele, alguien fue capaz de transitar el mismo duelo que nosotros, para al final edificar algo bello sobre el solar que una vez fuimos. Para eso sirven las canciones, sobre todo las de Andrés, para recordarnos que estamos vivos. A pesar de los pesares. Y por eso.

Ismael Serrano

Valientes

SI CAMBIAS EL HABLA,
SERÁ NUESTRO LENGUAJE.
LIBERA EL EQUIPAJE
QUE YA LO LLEVO YO.

SI TIEMBLA TU RISA,
SERÁ QUE RÍES FUERTE,
SERÁ QUE ENTRE LA GENTE
TU SILLA ES LA MEJOR.

Y GANAS CARRERAS Y TODOS ACLAMAN TU NOMBRE,
Y PIERDO, SI QUIERES, EL NORTE
QUE GANO CONTIGO RAZÓN.

DE TANTA BELLEZA LA LUNA SE AGITA EN TU OMBLIGO
Y CRECE EN TU NOMBRE Y EL MÍO
TU VIENTRE EN UN PACTO DE AMOR.

ELLA VE COLORES EN MI BLANCO Y NEGRO,
LLEGÓ EL OTOÑO A SU CABELLO
Y LUEGO NO DEJÓ DE SONREÍR EN LA BATALLA,
ESA QUE NO SIEMPRE SE GANA.

SI BAILAS MÁS LENTO,
SERÁ PARA QUE APRENDA,
DECLÁRALE A LA PENA
TU BÉLICA PASIÓN.

SI LLEGA EL INSOMNIO,
CONFIÉSAME ALGÚN SUEÑO,
PERMITE QUE EN EL TIEMPO
PERDURE TU CALOR.

DEJA QUE SEA QUIEN DECIDA SI QUIERO CUIDARTE
VOLVIÉNDOTE ESTRELLA QUE ARDE,
QUE TODO SE ENCIENDA DE TI.

ELLA VE COLORES EN MI BLANCO Y NEGRO,
LLEGÓ EL OTOÑO A SU CABELLO
Y LUEGO NO DEJÓ DE SONREÍR EN LA BATALLA,
ESA QUE NO SIEMPRE SE GANA.

TIEMPO DESPUÉS QUISE VERLA Y AYER,
EN SU HABITACIÓN,
OTRA MUJER SOSTENÍA UN PAPEL:
«HAZLE UNA CANCIÓN».

Y ÉL SE FUE LLORANDO EL MISMO MAR DONDE UNA VEZ
JURÓ QUE NO LA OLVIDARÍA.
DESPIDIÓ A UN ÁNGEL DISFRAZADO DE MUJER
PARA CUIDAR DE SU FAMILIA.

ELLA VIO COLOR EN NUESTRO BLANCO Y NEGRO,
LLENÓ DE OTOÑO SU CABELLO
Y LUEGO NO RINDIÓ NI UNA SONRISA EN LA BATALLA,
ESA QUE NO SIEMPRE SE GANA.

Y NOS DEJÓ LLOVIENDO
LA LLUVIA MÁS VALIENTE...

Nos tocó un tiempo mediocre que no mira ni dialoga, solo huye y tropieza.

Andamos de puntillas por lo distinto sin ceder el paso, sin ayudar con las bolsas y sin parar de juzgar.

Visiones con prisa, sin risa en el espejo más allá de lo acordado.

Y entonces apareciste tú, Almudena. Me enseñaste a querer sin tapujos, me presentaste a miles de Almudenas y sus grandezas.

Te vi contenta, con la mano de tu compañero levantándote, abrazada a tus hijos en la meta tras la carrera familiar de «a ver quién gana». Alguna mueca olvidada mientras bailabais tu canción; no he recibido mayor premio en toda mi vida.

De día abres puertas de par en par a los amigos y las bromas, flores que esconden espinas y montones de besos que se marchitan con el último rayo de luz. De noche, cierras la puerta y se va la luna. Viene un silencio de puñal y soledad de asfalto. Quién imagina tu temblor y llanto que quisiera hacer mío.

En los días amargos y lentos, como un cisne mudo, me quedo y levanto el vuelo. Entonces me acuerdo de ti y regreso a lo que de verdad quiero.

Llegados a este, uno de los capítulos más importantes de mi vida, disculpen que no me importe lenguaje poético alguno para citar a tantas y tantos valientes que ya forman parte de mi vida, a los que admiro.

A los protagonistas, como Almudena, del videoclip de esta, su canción. A sus familias, amigos y allegados con los que, siento, hoy vuelvo a fundirme en su abrazo.

A las fundaciones que me ayudaron a conocer su historia: Fundación Degén, Párkinson España, Párkinson Salamanca, Párkinson Madrid.

A ti, Almudena, a toda tu familia. Por haber aparecido en aquel concierto de Salamanca cambiando mi historia sin haberlo querido.

CODA

Siempre he creido que nada es lo suficientemente grave como para no poder rebozarlo de humor. El humor, por lo visto, desinflama las emociones feas y desacompasa el ritmo miliciano del corazón, como si lo trastabillara y te ayudara a sacarlo de ese obsesivo desfile militar del «estar pa dentro».

Y pensando en este hecho, creo que si el humor fuera música, tendría la atmósfera del reggae de fondo. Es por eso que creo que esta canción es salirse de los raíles establecidos.

Un cantautor como Andrés, al que adoro y con quien me emociono siempre, se saca un reggae de la manga. Decide salirse de su frecuencia melancólica y taciturna para escribirle una canción a alguien importante para él. Alguien a quien la vida le ha adjudicado el papel de Sísifo. Y ante esto Andrés enfunda su canción, preñada de caricias y optimismo, con un traje precioso y balsámico.

Vivan los cantautores; esas personas que destilan la tristeza y la emoción. Y nos regalan canciones quedándose para ellos los recuerdos.

Ojalá algún día un cantautor me regale una canción, aunque luego necesite un poco de reggae para recuperarme.

Dani Rovira

Luz de Pregonda

SI TU MADRE SUPIERA, LO QUE HACES DE NOCHE
NO SERÍA TAN MALO.
SI DETRÁS, EN EL COCHE,
SUPIERAS MI NOMBRE
NO HUBIERA CALLADO.
SI LA LUNA NO TIENE COLOR.
SI UN MAL VINO ME SIENTA MEJOR.

UNA DAMA VALIENTE
QUEMANDO EN LA HOGUERA
MIS VERSOS COBARDES.
SI ESCRIBIENDO SE APRENDE A ESCRIBIR,
¿QUÉ HAGO QUIETO EN LUGAR DE BESARTE?

«TE CAMBIO EL APLAUSO POR
UN FIN DE SEMANA EN CÁDIZ».

Y AHÍ DEJÉ DE SER BUENO,
Y EN LA PLAYA DEL VIENTO
NOS LLOVIÓ.
Y AL VESTIRSE DE NUEVO,
Y AL MOJARSE UN «TE QUIERO»,
SE RIO.

SU SALIVA EN LA BOCA DEL METRO
RENUNCIÓ A TODO REY POR CAMELLO.
SI HAY DOS MURIENDO DE AMOR
EN ESTE MISMO MOMENTO
YA VALDRÍA LA PENA
REVIVIR ESTE CUENTO
EN SU HONOR.

NO ME QUEDAN YA FUERZAS,
PERO VIVO SIN MIEDO,
CORAZÓN.

«Si todo pasa por algo, hagamos que pase». Y así fue. Hoy no es un día cualquiera, hoy he venido a contar nuestra historia a su rincón del mundo al que llaman «la isla de la luz» en su honor.

Era otoño y las hojas de los árboles caían como atrezo sobre un escenario improvisado para los viejos roqueros hippies locales. Los amplis enchufados a los troncos, melenas en rebeldía. No será muy difícil encontrarlo en las redes, hoy en día lo extraordinario se hace común en la fototeca de cualquier turista.

Hacía calor o yo lo tenía. Era, supuestamente, mi último día en el cayo.

Dios sacaba fotos a los puestos increíbles donde esos artistas libres de pelo largo regalaban su arte. La música, como siempre, me indicaba el camino de vuelta. Volví de un callejón repleto de puestos a la plaza cuando comenzó a rugir una Stratocaster curtida y sabia. Un *power* trío me hizo vibrar de lo lindo con mi cerveza sin gluten y una nueva realidad de ventanas abiertas.

Ahí, justo en ese momento donde un batería de no menos de ochenta años nos regalaba su solo, la vi. El escenario era una plaza de paso entre dos calles, un bar a cada lado, domingo de mercadillo. Decidieron detenerse allí, al lado de los músicos para aplaudirles, bailar, no soltarse las manos ni un momento. Su hermano, con síndrome de Down, repleto de besos y de sueños buenos, disfrutó cada nota como nadie, mucho más que el resto de los allí presentes. Cada solo era un juego de infancia en sus manos.

Un niño grande nacido de una luna blanca reía y nosotros soñábamos con ser aprendices de sus gestos. El concierto, el domingo y una nube se acercaron a mirarlos. El mal se callaba si andaban ellos cerca.

Mientras la luz les cantaba un sol sostenido yo trataba de no ser tan indiscreto, de no mirarlos tanto. Ojalá sea cierto eso de que las Ray-Ban no dejan ver las lágrimas.

Hablaban en su propio idioma perfecto de risa y calandria. No había visto a dos almas más unidas en toda mi vida.

Me despisté. Me volví y ya no estaban. Una sombra alargada y furibunda, silencio a pesar de que los músicos aún tocaban. El incienso se volvió amargo. Dolor.

Fui peregrino tratando de encontrarla entre el gentío y el humo, la hierba que crecía en sus pisadas, las frases que necesitaba decirle.

Algo más viejo, me senté a esperar la hora del vuelo o de la muerte cuando la gente comenzaba a quemarse de sol y ruido. El mundo volvía a ser un lugar con rejas en las casas y luces que frenaban a su antojo máquinas y vidas. Escribía en las hojas en blanco que robaba de los hoteles palabras inconexas para impresionar a las camareras a las que antes de ella amaría. Ni divorciado ni viudo, recién casado con su aroma, pagué la cuenta y me dirigí al coche de alquiler. El plan sería circular lo más lento posible hasta la multa, buscando gerifalte al que contarle mi vida, que era ella. Pero a veces el destino te da una segunda oportunidad, y ay de ti si la pierdes: en la arena baldía en la que había aparcado, paisaje manchado de cobre, estaba ella, esperándome dentro de un coche.

Me prestó su sonrisa y habló primero.

Nos sentamos en el bar donde minutos antes pedí morir y la cuenta, en la misma mesa de trueles y peces de arce japonés. La gente se iba poco a poco por lógica educación. A los diez minutos supe que no me subiría al avión. Su rostro era la nobleza, mirada de abrigo que una vez me prestó.

Imagínense lo que fue volver al mismo hotel del que recién había salido, pero con ella. La envidia del mundo mientras le apretaba la mano al presentarnos. Nazco de nuevo al recordar la sombra de su cuerpo en la habitación, la terraza con vistas a mis anhelos, los susurros de los tejados que se iban durmiendo ante nosotros.

Dijo no poder tocarme el corazón por su dislexia. Le canté los mapas que no podía interpretar. Oí que le encantaría conocer Menorca, que nunca había estado. Que ese era el sueño de sus padres y que ella lo cumpliría por ellos. Se había ido de aquel archipiélago de niña, solo hablaba un castellano perfecto para adorar a su hermano, al que ya echaba de menos. La semana siguiente volvería al frío, ella, calor desnudo que me abrazaba. Siete días por delante. «Ahora qué hacemos».

Volví de recepción con una botella de licor de hierbas y decisiones y dos billetes de ferry. Ahí dejé de ser bueno. Dormir, dormimos poco.

Recuerdo haber jugado a nuestras escenas de cine favoritas a bordo del barco, las miradas asustadas de nuestros compañeros marinos, su risa tímida al pedirle que se casara conmigo delante de un grupo de guiris entusiasmados con su «sí».

Lo siguiente fue cala Pregonda reflejada en sus ojos, a punto de estallar.

El pacto era guardar los relojes, los móviles y los pasados. Contar las lunas hasta que hubiera que irse. «No te enamores», me dijo mientras me enseñaba palabras y canciones. Le sirvió mi excusa de no poder quererla solo los días pares y, así, empatamos en perder vuelos de vuelta.

Hoy no es un día cualquiera, hoy he vuelto a su isla para adorarla de cerca, de nuevo.

Sabía que no la encontraría, que andará cuidando a su hermano con ese corazón que no le cabe, tratando de adivinar a qué lado le late.

Ya no pierdo aviones, me creo la mentira del tiempo y sus rutinas. Por la luz de mi pared pronto ha de ser primavera. Luego las fresas, los melocotones y otra vez verano.

No existe nadie a quien confesarle lo que daría por volver a abrazarla una vez más.

CODA

Si algo sé de Andrés Suárez, es que es un hombre de contrastes. Está el poeta sobre el escenario, intenso componiendo y tremendamente melódico cantando; y está el tipo de Ferrol que se ríe de sí mismo entre canción y canción, que te envía notas de audio tronchantes con profundo acento gallego y jugando como un niño con las palabras que aprendió en la última semana. Al momento de escribir estas líneas, eran «verbigracia» y el «tarantantán» que acababa de darle a su jefe. Qué monologuista se perdió el mundo.

Me pide que escuche y hable de *Luz de Pregonda*. A mí, que lo conocí con *320 días (hace un año)* y me deshago con las historias de amor profundo, del que desgarra. Que le doy al play una hora antes de empezar a informar a España en directo, y me olvido de las noticias porque por mi pantalla desfila un precioso poema hecho canción.

Si tu madre supiera

lo que haces de noche

no sería tan malo.

(…)

Si escribiendo se aprende a escribir,

que hago quieto en lugar de besarte.

Te cambio el aplauso por

un fin de semana en Cádiz.

Y ahí dejé de ser bueno.

No destripo más. Búsquenla, escúchenla y prueben a no ablandarse, aunque lleven un día duro y solo tengan por delante una pila de malas noticias que darle al país.

Gracias, Andrés.

Esther Vaquero

Más de un 36

CUANDO BAJA LA MAREA, CUANDO APRIETA EL CORAZÓN,
AHÍ ESTÁS TÚ, Y YO CONTIGO ADENTRO.
CUANTO MÁS DURA ES LA PENA, MÁS CARGADO VIENE EL RON.
ME ESTÁ DICIENDO LA RAZÓN «ESTA NOCHE FUE LA BUENA».

LLEVO LO DE AYER A CUESTAS, MÁS TE QUIERO Y ME QUEDÉ
MIRÁNDOTE A DUERMEVELA.
DESCONOZCO BIEN TU NOMBRE, CALZAS MÁS DE UN 36.
HUELES A AZAHAR. TAMBIÉN SÉ QUE BEBES RON A SECAS.
EY, DESPIERTA...

SABES COMO AYER,
CON LA BOCA MÁS SECA, EL SEXO QUE SE FUE
SONRÍE EN LA DESPENSA. ¿CÓMO PUEDE SER
QUE LLEVES EN LA PIEL AGUA Y ARENA?

TARDAS EN AMANECER, ME PIERDEN LAS MANERAS.
LO QUE NO SE VE ES LO QUE ANTES DESPIERTA.
VUÉLVEME A QUERER COMO LO HICISTE AYER, BAILANDO LENTA.

TRAS UN OJO LLEGA EL OTRO, TRAS UN POLVO OTRO MÁS LARGO.
HAY UN GATO EN EL TEJADO QUE ME VIO LLORAR.
TE ESTÁS PERDIENDO UN VERANO CONCENTRADO EN LA MAÑANA,
ME ESTOY PREGUNTANDO SI TE QUEDARÁS
PASADO EL ESCENARIO.

YA HE PASADO POR TI.
TENÍAS OTROS NOMBRES, MISMAS GANAS DE REÍR;
VESTÍAS OTRO ACENTO; EN EL PELO FLORES.

CREO QUE YA HE ESTADO AQUÍ,
ERES LA DEL CUERPO DE FLORES, LA DEL MES DE ABRIL.
LA QUE HIZO EN LA GUITARRA MARCAS QUE HACEN CICATRIZ.
TE VEO SOBRE LA CAMA Y QUIERO QUEDARME A VIVIR,
Y NO SÉ NI TU NOMBRE.

TRAS UN OJO LLEGA EL OTRO, LUEGO CIÉRRAME LOS LABIOS.
HAY UN GATO EN EL TEJADO QUE ME HACE LLORAR.

CUANDO BAJE LA MAREA.

Creo que acabo de ver mi añeja alianza anunciada en Wallapop.

La belleza es subjetiva, o eso decimos los feos. Los guapos se juntan entre ellos a sus horas, en sus lugares, y ella, su presidenta.

No puedo contar nada (que sea cierto) de aquella noche. No entraba en nuestros planes lo de sus hijos con otro, que, por cierto, me cae cojonudamente. No, por respeto a su oficio, posición pública e imagen insuperable.

Esa familia aparentemente idílica hoy son público fiel en mis recitales, y ese es mi honor. Momento delicado, entonces, entonar el cántico antiguo de sus piernas, sustento de mi futuro.

Nadie comunica mejor que ella en la televisión. Nosotros, militantes de su estética que siempre se acuesta con otro.

Prosigo por compromiso editorial; a ver cómo salgo de esta.

Supongamos que sucedió en Valencia, sin ir más lejos. Termina el concierto en el garito más cutre y el resto son ráfagas de memoria: Alfonso arrastrando por la acera el Yamaha envuelto en una manta a modo de estuche. Sefo, Vicente, Marino, Litwin, Luismi como maestro de desceremonias, acompañados de los veinte que vinieron a vernos y que tampoco sabían que se iban a hacer mayores aquella madrugada. Fuimos pandilla improvisada rumbo a un hotel no preparado para la euforia inabarcable después de un concierto.

Todas las habitaciones reservadas en la cuarta planta del motel, por llamarlo de algún modo. Desde aquella noche me ceden la habitación en otro piso y el desamor es un estado. Nosotros sí fuimos verdad, no como Instagram, que no suda.

Ahora me conformo con aparentar normalidad después de aquello cuando baja la marea, cuando aprieta el corazón.

En los días siguientes recorrimos juntos Cádiz, Lisboa, Menorca, el éxtasis y la gloria. Algo sobre prometer no casarnos contra nadie y no sé qué de un trío. Nebulosa de instantes, ahora me pregunto qué dirían los mensajes que me atreví a enviarle. Quién pudiera empatarle a su vejez.

Creíamos hacerlo muy bien: nuestras pausas eran tan sabias como ella, pues nunca estábamos tanto como para cansarnos el uno del otro, y si acaso sonaba el teléfono, era porque los dos comenzábamos a echarnos de menos.

Buscábamos las peores pensiones de cada ciudad o pueblo para probarnos los cuerpos y salir corriendo de allí. El último pagaba la siguiente ronda. Casi adolescentes y locos, no le temíamos a nada.

Salíamos de los bares completamente borrachos, qué importaba la hora. Luego, el sabor de su sexo, sus dedos trémulos en el mío, el baño desnudo en una isla griega que prefiero no citar. Su golpe de estado contra el rencor.

«Tras un polvo, otro más largo».

En la peor noche que recuerdo nos dio por tomarnos en serio. Fin de las risas y los juegos. En un mundo de pronto serio, pasamos a cumplir los toques de queda de la sociedad adulta. Esperamos, silentes, al alba sin hacer nada más que abrazarnos. Cambiamos la resaca por una fatídica charla.

Me habló de un nuevo instinto maternal del que siempre había renegado. De nada servían los pactos previos, los acuerdos firmados en la espalda del otro. De golpe quiso familia y yo, que nada ni nadie truncase aquel mejor momento de mi vida. Maldito instante que lo cambió todo...

Le di las gracias por proponerme tal honor mientras me iba vistiendo. No sé si lloró, yo lo sigo haciendo. No miré atrás desde los soportales, aunque sé que ahí estaba, en la única ventana que importó.

Hoy es la mejor madre del mundo. Yo mañana canto en Murcia.

Sé que tendrá este libro entre sus manos de guardar mi memoria, que fruncirá el ceño en algunos verbos, se sonrojará al argüir nuestra derrota.

Si esta canción se va de mi repertorio, yo también.

Definitivamente, alguien acaba de comprar mi alianza en internet.

CODA

Me puse el abrigo frente al espejo y me obligué a mirarme de cerca. Miré mi cara, observé algunos pequeños surcos que eran nuevos. Acerqué la cabeza un poco más, ahí estaban esas arrugas que ya conocía. Había otras nuevas, delicadas y coquetamente pequeñas que se asomaban al enfocar mi vista en el rostro. Sentí una sacudida suave pero implacable. El paso del tiempo se cobra colágeno por experiencia, pensé, y me sonreí porque el trueque bien merece la pena.

Mientras me ponía las botas negras de tacón cubano me vino a la cabeza la cantidad de veces que me sirvieron para salir huyendo. Tengo el recuerdo de que siempre me he ido, tal vez protegiéndome de promesas que me quedaban pequeñas, que no me entraban por más que intentara que me encajaran. Si me paro a pensarlo me asalta una idea que se hace pesada, es posible que haya dejado tantas huellas como heridas. También estoy segura de que a día de hoy ya estarán borradas y curadas. Lo sé porque algún balazo me llevé y ya casi ni lo recuerdo. El tiempo regala cura y olvido, y eso relaja bastante, al que da y al que recibe.

Salgo de casa. Bajo las escaleras casi trotando, es la señal de que estoy contenta. Antes de abrir la puerta del portal vuelvo a mirarme en el espejo que hay en la pared, soy coqueta por parte de madre, me coloco el pelo, siento que todo está bien, tomo aire. Se me llenan los pulmones. Busco una canción, *Más de un 36*, le doy al play en el teléfono móvil y en mis auriculares esa voz familiar, cálida y completamente desnuda que me calma siempre empieza a cantar: «Cuando baja la marea cuando aprieta el corazón ahí estás tú, y yo contigo dentro...».

Se cierra la puerta a mis espaldas y noto que al mismo tiempo se han cerrado las ganas de correr hacia adelante, aunque lleve las mismas botas que me hacen alejarme de los sitios que me asustan. Ahora más que viento soy raíz. Encontré el lugar donde las promesas no me aprietan, donde le veo sobre la cama y quiero quedarme a vivir, donde quiero bailar lentas. Ahora mis botas son más de un 36 para que encajen con su pie porque por primera vez mis pasos son para acercarme en lugar de huir. Fue mayo que no abril. No fue coñac, pero bendito whisky. Y ahí está él, cuando bajó la marea.

Mar Amate

Te di vida y media

QUERÍA DECIRTE ANTES DE MARCHAR
QUE NO ERES LA MUJER QUE YO ESPERABA.
AHORA ME SANGRA LA VOZ, PERO MAÑANA SERÁ
OTRA MUJER, NO TÚ; OTRA MUJER, NO MÁS.

TE HE TENIDO EN MI PECHO Y SÉ
CÓMO LATES, SÉ DE TU MIEDO,
SÉ QUE TE HAN DE CUIDAR, NUNCA COMO YO;
QUE VERÁS PARÍS, QUE TE HARÁN LLORAR,
Y AHÍ ENTENDERÁS
LO QUE LLORO HOY, AUNQUE TE DÉ IGUAL.

NO VOLVERÁS A VERME, PERO ME VAS A OÍR.
ESTE TIEMPO ES PARA TI.

DEJA DE MIRARTE TANTO, QUE LA LUNA BRILLA,
QUE NO HAY MÁS MENTIRA QUE LA DE TUS LABIOS,
QUE LA VIDA COBRA, QUE CUANDO SEA BLANCO
TU CABELLO SIENTAS PAZ ADENTRO.

DEJA DE JODER UN RATO, ESCÚCHAME, CHIQUILLA,
QUE TE ESTOY HABLANDO,
QUE NUNCA HE SIDO UN SANTO,
PERO TE DI UNA VIDA Y TÚ NI ME HAS MIRADO.

NO VOLVERÉ A TOCARTE, NO TE HABLO DE LA PIEL.
AHORA SE VA EL CANTANTE A QUE LE CANTEN A ÉL.

QUERÍA DECIRTE ANTES DE MARCHAR
QUE MI AMOR VALE MÁS,
QUE ME LARGO DE AQUÍ.
TE VERÉ CUANDO ACABE EL JARDÍN.
ADIÓS.

Me equivoqué. Cómo iba yo a saber que ella quería algo más que calor a sus veinte años, si nos separaban lenguajes y planetas fríos, más de quince años de edad.

Sensuales escalofríos sin entrar en detalles, su risa fue un privilegio palpable durante un instante parecido a un verano. El tiempo era infinito en días de paz.

Su piel, incienso de Bali. La veía bañarse como quien aprecia un cielo despejado por primera vez.

Sin rumbo fijo aquel verano, alguna cita, promesas de conciertos y París. Yo le hablaba de cine como si supiera, ella me besaba la mejilla y abría otra botella de vino dulce, espuma de sus besos mientras las aves se iban a dormir. Vestía una luna en el hombro para mis días. Trabajaba de camarera en el Sonorama y me hablaba de la noche aún con inocencia. Miraba el mundo como si fuese un lugar bueno. Más de una mañana me despertaba como si fuera seis de enero a finales de agosto y estrenáramos el mundo. A mí, que ya nada me esperaba, que siempre me oscurecía antes de la hora. Sentía su pulsión y me estallaban las costuras en una vida intensa, ya nunca anodina.

Quería bailar, reírse, probar países y cuerpos. Quería tener veinte años. La pasión hacía de nosotros un buen trabajo a destajo.

Llevo su voz en mi cuello, su acento distinto. Navego en mis fracasos enfadado conmigo por perderla. Si veis a la más bella en camiseta corta a mediados de enero, Burgos o Aranda, es ella.

Sucedió, maldita sea, que esperaba algo de mí. Algo más que un navío de orgasmos, pactos nacidos para no cumplirse.

Tropecé eligiendo a otra, yéndome a dormir con mi enemiga. Le di vida y media a quien no debía. Lo siento a diario.

Ahora vivo cumpliendo la condena de quitarle la sal al mar desde que su fragancia no roza mi espalda al dormir.

¿Existe alguien que ame el frío en invierno y el calor en verano? Sí: ella.

CODA

Me pregunto qué hiciste tú con la media vida que no me diste.

Si fuiste a Paris, si te hicieron llorar. Me pregunto a quién más le dejaste tu pecho para que apoyara sus latidos en el hueco de los míos.

¿Sabes? Yo tampoco fui la mujer que esperaba ser, porque quizá debí irme antes de ti o quedarme para siempre. No lo sé.

Quedamos al amanecer y me disparaste con una canción antes de contar hasta diez.

Y me dices adiós mil veces (como si no te hubiera oído la primera). Me dices adiós (y me cantas). Me dices adiós, pero sangras. Me dices adiós (pero llamas y no hablas).

Quizá te faltó media vida más para entender que yo solo estaba aprendiendo a nadar, que me costaba flotar, que no siempre que se llega a un pecho se sabe descansar.

Y ahora ya no importa, ya no volveré a verte (pero te oiré), ahora ya no importa (aunque el jardín no acabe aquí).

Y si quieres más mentiras ven, tengo los labios llenos y ando afilando el duelo. Ven. Si te sobra media vida, ven.

Fdo: Ella

Ana Milán

No saben de ti

LA GENTE QUIERE
QUE ESTÉ CONTENTO
Y NO LES HABLE MÁS DE DESAMOR.
LA GENTE QUIERE
QUE SIGA ATENTO,
ME ESTÁ CAMBIANDO HASTA LA VOZ.
PERO LA GENTE NO SABE DE TI.
PERO LA GENTE NO ENTIENDE.

EY, SUPONGO ESTARÁS BIEN.
POR AQUÍ TODO IGUAL,
AUNQUE NO TE IMPORTE.
CADA VEZ ME OLVIDO MÁS DE TI,
CANTÉ CON MILANÉS,
GRABÉ UN DISCO EN MADRID.

YA NO TE VEO EN CUALQUIER CIELO GRIS.
YA DIFERENCIO COLORES.

VOY A HACERTE UNA CANCIÓN
QUE HABLE EN REALIDAD DE TI,
VOY A SER LA HABITACIÓN
DONDE TE MIRABA AL DORMIR.

VOY A HACER DE TI
SOLO UNA CANCIÓN
QUE SERÁ MADRID
SIN NOSOTROS DOS.
HÁBLALE DE MÍ
A OTRO COMO YO.
YO ESTARÉ SIN TI,
TU ESTARÁS MEJOR.

EY, SUPONGO ESTARÁS BIEN,
SUPONGO YA DE MÁS,
SUPONGO OLVIDARÍAS HASTA EL NOMBRE DEL HOSTAL
DONDE TE VI FELIZ,
DONDE ME HICISTE HABLAR.
FUE LA NOCHE MÁS BELLA DEL MUNDO.
DIJO «NO RECUERDO NADA»,
DESPERTANDO AL DÍA SIGUIENTE,
SE VISTIÓ Y, ENTRE LA GENTE,
A OTRO SUEÑO QUE SE APAGA.
DIJO QUE NO ERA TAN MALA,
PERO NO ERA DIFERENTE.

DIJO «LLÁMAME MAÑANA»,
Y MAÑANA DURA SIEMPRE.
DIJE «VUÉLVETE A LA CAMA»,
QUIÉN SUPIERA QUÉ SE SIENTE
CUANDO LLEVA LA CORRIENTE
EN LA MÁS HERMOSA PLAYA.

VOY A HACER DE TI
SOLO UNA CANCIÓN
QUE SERÁ MADRID
SIN NOSOTROS DOS.
HÁBLALE DE MÍ
A OTRO COMO YO.
YO ESTARÉ SIN TI,
TÚ ESTARÁS MEJOR.

LA GENTE QUIERE RISAS, PERO NO,
NO SABEN DE TI
TANTO COMO YO.

Nunca un corazón se parte, se va rompiendo de a poco en su quietud solar. Del suyo casi no quedaba nada. Herida fuerte, casi inerte, caminaba lejos de todas las cosas. Manojo de agravios, ave de jaula tapiada. Ojos de lectura póstuma, llevaba en silencio a alguien con su alma apenada. Quién hubiera podido beberle esa muerte.

Me enseñó, entre otras muchas cosas, que es mejor ser adicto a sustancias que a personas, pues lo único que aún le importaba era no perder su máscara de red social: mostrar su risa exagerada de filtros, sus viajes, sus fiestas, su nada. Hija única, adinerada, clase alta, o eso decía, no aceptaba tal duelo y, de tanto mirar atrás, se golpeó contra el presente.

Lo que salía riendo del baño lo había llorado dentro.

No escuchaba a nadie, ni siquiera a sí misma. Nunca me cayó muy bien la gente que piensa que el mundo le debe algo.

No traiciono sus secretos si digo que llamó a mi casa buscando ser musa, la protagonista de un verso. No hubo seducción ni el agua que acaricia una conquista, un ángel extraviado quería llevarse colgado un galardón de recuerdos sin amor alguno.

No era a mí a quien buscaba en su crujir de venganza contra alguien al que no podía ni nombrar. «Yo estaré ahí el día que él caiga», repetía una y otra vez contra el suelo. Rumiaba juramentos horribles.

Susurró «te quiero» a la hora y media de conocernos en aquella terraza de Lavapiés, después de diez cervezas, demasiadas cajetillas de tabaco. Mirada al vacío. Estaba realmente destruida.

Aún vestidos e inocentes, fueron pocos los datos para mi cometido: su nombre, su edad, su color ocre y su vestido de funámbulo. Cuánto calla su canción si todo en ella fue silencio.

Me dejé querer, se dejó morir. Vistiéndose, su quejido de palabra emitió: «Llámame mañana» y mañana dura siempre. Madrid, cómo no, siguió siendo sin nosotros.

Mientras hoy la describo, la curiosidad me pudo y visité su perfil. Como temía, sus publicaciones siguen sin intención de jubilarse en la venta de humo. Morritos en occipital y afirma ser «muy libre y feliz». No he conocido mayor infelicidad que la de quien postea varias veces al día lo feliz que es.

Sigue su escuela cerrada por una horrible gota fría.

Esparcidos los recuerdos, puede que le moleste el paso de mi boli por su memoria. Siento que no haya podido presumir de canción tanto como pretendía.

CODA

Uno de los asuntos más dramáticos de una ruptura es creer, tanto es el dolor, que el resto del mundo está al tanto de tus vicisitudes. Va uno por la calle con el gesto sombrío y sabe, no lo duda, que los peatones saben qué te ocurre. Si te ceden el paso, ya sabes por qué es; si un desconocido parece saludarte, no dudas de a qué obedece; si el semáforo se pone en verde cuando te acercas, buscas una cámara para saludar al de Tráfico. A Dante Alighieri no le cabe en la cabeza, cuando se cruza con la gente, que nadie esté al tanto del inmenso amor que siente por Beatrice: cómo, si para él ella es todo el universo, pueden ignorar los demás semejante fuerza. Borges, la candente mañana de febrero en que Beatriz Viterbo murió, se queda estupefacto porque los carteles de la plaza Constitución renovasen sus publicidades: «El hecho me dolió, pues comprendí que el incesante y vasto universo ya se apartaba de ella y que ese cambio era el primero de una serie infinita». Pero la gente no sabe de ti, canta Andrés Suárez. **Y** solo quedará lo que me cuenten los demás, canta Jimena Amarillo.

Esta canción es una suerte de asalto al lugar más vulnerable del desamor, que es la soledad no de la persona que uno amaba, sino de todas las demás: las que no pueden saber qué significaba aquello, ni hay forma de explicarles nada. La soledad, la verdadera, es la incomunicacón. Y Madrid sin nosotros dos es, en proporciones mucho más humildes (absténganse macabras humoradas), aquello que dijo un enamorado Primo Levi, víctima también del Holocausto: «Auschwitz se llevó a seis millones de almas y a una mujer que yo llevaba en el corazón»; siempre me pareció una extraordinaria y tristísima declaración de amor: de entre todos, incluso de todos esos, yo me acuerdo de ti. Madrid ha sobrevivido a todas las rupturas con facilidad exagerada, pero los exnovios creen que se queda parada conteniendo la respiración por un portazo en el barrio de Tetuán. Pero Madrid no es As Furnas, el sitio desde donde canta Andrés Suárez. Si hay dolor en el paraíso, ¿a dónde vamos? En fin, la gente quiere risas, pero esa gente no sabe de ti tanto como yo. Y sigue su vida, como si la vida siguiese. Suspensión de la incredulidad, lo llaman.

Manuel Jabois

Piedras y charcos

ME DUELE LA PIEL DE ESTAR EN TU ESPALDA.
ME DUELE LA RISA DE USARLA EN LA PLAYA
QUE MIRA LA VIDA CONTIGO MOJADA.
ME DUELE EL RELOJ, YA SÉ QUE SE ACABA.

NO ACABES AMOR, QUE EMPIEZA LA DUDA.
NOS QUEDA UN COLCHÓN DE SALITRE Y CURA.
POR MANTA, UN AVIÓN CON ALAS DE LUNA.
SONRÍEN LOS DOS, LE ESCRIBE EN LA NUCA:

SOMOS DOS NOTAS COMUNES
EN UN JARDÍN DE TU BARRIO.
SOY UNA ESPECIE DE COLGADO, COLGADO.

SOMOS EL NORTE Y EL ESTE AL SUR DE PIEDRAS Y CHARCOS.
SOMOS DOS LOCOS ENAMORADOS POR UN RATO.

FUERON BRILLANDO A LO LEJOS COMO LA ESTELA DE UN FARO.
FUERON GAVIOTAS VOLANDO LARGO.
FUERON SIRENAS Y LUCES CON SUS PADRES, A BUSCARLOS.
JAMÁS VOLVIERON A SER HUMANOS.

La singladura perfecta, sus manos entrelazadas, su mundo exacto. La única tierra vista: la desnudez de su espalda.

Navegantes del deseo, se peinaron con borrascas, amigos de alguna ola que nunca llega a la playa.

Él tenía diecisiete; ella, lo que él soñaba.

Él era un buque pirata atracando en sus mejillas, varado en su sonrisa tímida y cálida.

Ella era el puerto y el norte, el mar siempre en calma. Un viento de caricias sin rumbo fijo.

Estaba en la media luna un pintalabios de plata. En las risas, los abrazos como velas, desplegadas. Estaban los dos y un mundo más bello, si lo lloraban.

Y sucedió lo inevitable: la popa empujó a la proa, las sirenas, al alba, despertaron al sol temprano y los separaron con rabia.

A nadie importaron sus llantos, sus aullidos de reclamo. No hubo piedad ni raciocinio en dos familias que se odiaban.

De esto hace casi treinta. ¿Qué callarán sus sueños al reencontrarse en otra balsa?

CODA

Hay algo en las canciones de Andrés que siempre huele a mar y que trae consigo la nostalgia de los amores perdidos. Es, sin embargo, una nostalgia dulce, como una cicatriz curada hace ya mucho tiempo y de la que solo queda un brillo en la piel, como un haz de luna.

Piedras y charcos, para mí, son dos amantes locos de amor que se quisieron durante un tiempo que, ambos lo sabían, sería finito. Los amores caducos tienen en su ADN la fuerza de una galerna, pero el poder de destrucción de la brisa que acompaña a una despedida. Son ágiles para hacernos sentir, para horadar nuestra intimidad y hacer nido en ella, para anudarnos las vísceras en un lazo de un preciosismo masoquista. Amamos con tanta fuerza porque sabemos que terminará. Amamos en el espejismo de algo que, de poder ser, no sería.

Pero el dolor inmediato de la despedida, ese arañazo que el segundero va dibujando en la piel, queda flotando en esta canción. Sabes que sanarás. Escuchando a Andrés, sabes que te curarás, pero pasas la lengua una vez más por esa llaga que tú mismo impides que cierre, porque si dolió, existió.

Quedamos colgados en la duda del qué sería y en ella escribimos la más bella historia de amor que, si lo es, es porque la imaginamos. A la imaginación no la alcanzan las garras de la desidia, la rutina (la mala, no la que viene de la mano de la calma y el saber querer) o el reproche. La imaginación combina todos los colores borrachos del estallido de unos fuegos artificiales. La imaginación no envejece, aunque escuece.

Escuchar a Andrés siempre me lleva a primeros amores, a las verbenas de las fiestas patronales de pueblos de playa, en el norte, donde se brinda, se ríe, uno se enamora y, si se llora, es para que el mar nunca se seque. Escuchar a Andrés es enamorarse continuamente de los recuerdos, de la imaginación, de la persona que tienes a tu lado. También es no penar, en el fondo, por lo que perdiste, porque por esas piedras con las que tropezamos, esos charcos que pisamos y nos empaparon, somos quienes somos.

Ay, Andrés, que toma prestado nuestros recuerdos, los universales, y nos los canta, después, con voz rota y emocionada. Ay, Andrés, con sus piedras y sus charcos.

Elísabet Benavent

Más allá
de mis discos

La última mañana

ESTA FUE LA ÚLTIMA MAÑANA,
ESTA FUE LA ÚLTIMA MAÑANA,
UN CURSO INTENSIVO DE BESOS,
UN BAILE DE CUERPOS Y ALMOHADAS,
UN JULIO SIN OLAS DE PLAYA, UNA MARCA EN EL BRAZO.
UN FINAL DE SEMANA NO SANTO,
UN ROSAL, UNA DUDA, UNA CAMA.

YO NO QUIERO PEDIRTE PERDÓN.
YO NO QUIERO PEDIRTE PERDÓN NI «NO TE VAYAS».
QUE DESCUELGUES TU MAREA Y QUE TE SEQUES,
QUE DESPEGUES CON EL VUELO DE LAS HADAS
Y QUE NOS VUELVA EL INVIERNO, QUE NO SOBREVIVA NADA...

QUE VAYA BIEN, QUE NO TIEMBLE LA VOZ,
QUE NO TE HAGAS MAYOR
Y NO TE FALTE VELA NI CORRIENTE AL NAVEGAR,
QUE ENCIENDA TU CALOR OTRA PARED Y MÁS.
NO VUELVAS A LLORAR...

TE DEJASTE EN CASA UNA CUNA VACÍA,
OLVIDASTE RECOGER DEL TODO EL AIRE.
Y ESE AIRE QUE ERA VIDA EN MOVIMIENTO,
FUTURO JUNTOS, TIEMPO,
HOY VUELVE A VER EL MAR.

YO NO QUIERO PEDIRTE PERDÓN.

Con las cuentas aparte

CUIDADO, CANTANTE, CON TU VEINTE POR CIENTO
A QUIÉN SE LO DAS.

CUIDADO QUE REPARTE EL COMISARIO
CARAMELOS EN EL BARRIO DONDE NADIE QUIERE ENTRAR.
CUIDADO HAY UN HOMBRE ENAMORADO
EN LO OSCURO DE UN LAVABO REPRIMIÉNDOSE EL GRITAR.

CUIDADO HA COMENZADO EL TELEDIARIO,
CUIDADO HA COMENZADO DE VERDAD
LA GUERRA DE LOS QUE NUNCA HAN BESADO
COMO LO HACE EL REFUGIADO CUANDO LE PERDONA EL MAR.

CUIDADO, CONFUNDEN CON LAS CUENTAS APARTE
LA LIBERTAD.
CON LAS CUENTAS APARTE, TRATOS DE PAZ.

CUIDADO SIN SABER LO QUE HA PASADO
CUANDO VIAJAS A OTRO LADO Y SE NOS ANTOJA HABLAR.
CUIDADO DEL MINISTRO DESAHUCIADO,
CON LAS DOS MANOS EN ALTO PARECIERA PROTESTAR.

CUIDADO ESTÁN ROBANDO EN EL MERCADO.
CUIDADO, ESTÁN ROBANDO PA' TIRAR
COMO TIRÓ EL BANQUERO AL JUBILADO
CONTRA EL SUELO SIN LLORARLO, AMPARADO POR EL MAL.

CUIDADO, COBARDE, CUANDO
GRITE LA CALLE DÓNDE ESTARÁS,
CUANDO ESTALLE LA CALLE.

CUIDADO, SOLDADO, CON LAS MADRES DE MAYO,
SU CAMINAR, NUESTRAS MADRES DE MAYO.

CUIDADO, CANTANTE, CON TU VEINTE POR CIENTO
A QUIÉN SE LO DAS.

Nana de Noemí

MIRA, TE TRAIGO LA LUNA, NO PESABA TANTO.
LOS SUSPIROS DE LOS MARINEROS,
LA BALADA DE TU PELO LARGO.

MIRA RIMANDO EN EL CIELO
MI ESTRELLA Y TU MANO.
INTERRUMPE, CELOSA, UNA NUBE
UNA FUGA DE BESOS MOJADOS.

SOLO QUIERO DECIRTE QUE
ME HAS CAMBIADO LA VIDA UN POCO.
SOLO QUIERO DECIRTE QUE EL LOCO
DEL GALLEGO TE QUIERE, YA ESTÁ.

SI ESTA HISTORIA QUISIERA ACABAR,
DAR LAS GRACIAS POR CADA MIRADA.
SOLO QUIERO QUE DUERMAS EN CALMA,
QUE LA VIDA TE CUIDE DE MÁS.

PRIMAVERA, VUELVE, QUE EL COLOR LE QUITA EL MIEDO,
ACOMODA ENTRE SU PECHO MI ROSAL.
PUEDE QUE QUIZÁ ME DUERMA PRIMERO,
MIRA, QUE TE ESPERO EN MI SOÑAR.

SOLO QUIERO DECIRTE QUE
ME HAS CAMBIADO DE MÁS LA VIDA.
QUE EL JILGUERO POSADO EN TU RISA
SALVA EL MUNDO SI ROMPE A CANTAR.

SI ESTA HISTORIA QUISIERA CAMBIAR,
DAR LAS GRACIAS ANTES DE TU MARCHA
POR BRINDARME AL CALOR DE TU ESPALDA
LA ESPERANZA DE NUNCA LLORAR.
SOLO QUIERO QUE DUERMAS EN CALMA,
QUE LA VIDA TE CUIDE DE MÁS.

Agradecimientos

He borrado una y otra vez estas líneas tratando de describir el amor que siento por los que me rodean, mas se me hizo imposible. Sabéis quienes sois y lo que significáis para mí. Os quiero.

A cada amiga o amigo que me ha cedido su coda y su abrazo: donde y cuando queráis, allí estaré. Gracias.

A los protagonistas de cada canción de mi memoria, pues todavía os amo.

De entre tanta buena gente, quisiera destacar que sin *meu amigo* Gonzalo Albert yo no escribiría libros. Mi más sincera gratitud a Mónica Adán y mi equipo de Penguin.

Antes de que se haga tarde, a Andrés Suárez García, mi padre, y Manolo Cheda. Sin sus correcciones no oiríais sus risas de infancia al pasar mis páginas.

ÍNDICE

Más allá de mis canciones

Todavía más allá de mis canciones

Más allá de mis discos